베스트 논술 한국 대표 문학 ⑤1

삼국유사

일연

SR&B(새로본닷컴)

조속의 〈금궤도〉

〈베스트 논술 한국대표문학(전60권)〉을 펴내며

어린 시절의 독서는 평생의 이성과 열정을 보장해 줄 에너지의 탱크를 채우는 일입니다. 인생의 지표를 세울 수 있는 가장 믿을 만한 방법이기도 합니다.

새로 접하는 사물의 이치를 터득하려면 그 정보를 대뇌 속에 담는 프로그램이 마련되어 있어야 합니다. 그 프로그램을 구축하는 가장 효과적인 방법이 지속적인 독서입니다. 독서는 책과 나의 쌍방향적인 대화이며 만남이며 스킨십입니다.

그러나 단순한 독서만으로는 생각하는 힘과 정확히 표현하는 힘을 키울 수 없습니다. 〈베스트 논술 한국대표문학〉은 이에 유의하여 다음과 같이 편찬하였습니다.

① 초·중·고 교과서에 실린 고전 및 현대 문학 작품부터 〈삼국유사〉, 〈난중일기〉, 〈목민심서〉 등 우리의 정신을 일깨워 주고 우리에게 지혜와 용기를 준 '위대한 한국 고전'에 이르기까지 한 권 한 권을 가려 뽑았습니다.

② 각 권의 내용과 특성을 분석하여, '작가와 작품 스터디', '논술 가이드' 등을 덧붙여 생각하는 힘, 표현하는 힘을 키울 수 있도록 각 분야의 권위 학자, 논술 전문가들이 심혈을 기울였습니다.

③ 특히 현대 문학 부문은 최근 학계에서, 이 때까지의 오류를 바로잡아 정확한 텍스트를 확정한 것을 반영하였고, 고전 부문은 쉽고 아름다운 현대 국어로 재현하였습니다.

④ 각 작품에 관련된 작가의 고향을 비롯한 작품의 배경, 작품의 참고 자료 등을 일일이 답사 촬영하거나 수집·정리하여 화보로 꾸몄고, 각 작품의 갈피 갈피마다 아름다운 그림을 넣어, 작품에 좀더 친근감 있게 접근할 수 있도록 하였습니다.

이 〈베스트 논술 한국대표문학〉이 여러분이 '큰 사람', '슬기로운 사람'이 되는 데 충실한 밑거름이 되기를 바랍니다.

〈베스트 논술 한국대표문학〉 편찬위원회

〈삼국유사〉에 등장하는 단군

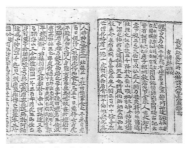

〈삼국유사〉의 본문

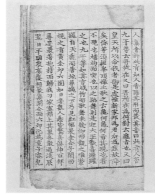

〈삼국유사〉에 실려 있는 〈구지가〉

단군릉 돌문

감은사지 3층 석탑

문무왕의
수중릉인 대왕암

신라 시조의 왕비가 태어난 경주 알영정

계림 향가 노래비

경주 월성

경주 통일전 삼국 통일 기념비

경주 무열왕릉

경주 사천왕사지

경주 괘릉

경주 석탈해왕릉

차례

삼국유사

삼국유사

단군 신화

아득히 멀고 먼 옛날, 하늘나라를 다스리는 천제*인 환인(桓因)이 있었다. 환인은 서자인 환웅(桓雄)을 두었다.

'저 애가 왜 걸핏하면 지상을 내려다볼까?'

환인은 환웅의 행동을 이상히 여겼다. 지상을 내려다보는 환웅은 남몰래 한숨을 몰아쉬기 일쑤였던 것이다.

환웅이 그러는 것은 마음 속에 새겨 둔 깊은 뜻이 있기 때문이었다.

'저 아래로 내려가서 인간 세상을 한 번 다스려보았으면……'

지상에는 아름다운 산과 강, 그리고 기름진 들이 널려 있었다. 환웅은 그 아래로 내려가 인간을 복되게 할 수 있을 것 같았다.

그리하여 하루는 환웅이 천제에게 그런 자신의 소원을 아뢰었다.

＊ 천제(天帝) 하늘을 다스리는 신. 황제.

"저를 내려보내 주신다면……."

"으음, 그거 좋은 일이지."

천제는 이를 가상히 여기고 허락했다.

천제 환인은 환웅에게 세 신을 딸려 주었다. 세 신이란 바람을 다스리는 '풍신', 비를 다스리는 '우신', 구름을 다스리는 '운신'이었다. 환웅은 이 세 신과, 천상의 부하 3천 명을 데리고 지상으로 내려왔는데, 그 곳은 지금의 묘향산인 태백산의 신단수*였다.

"이 부근을 신시(神市)라 칭하겠노라."

신시는 환웅이 최초로 건설한 도시였다.

바야흐로 환웅 천왕은 신시에서 세상을 다스리기 시작했다. 환웅은 지상에서 생명에 관한 것과 농사와 질병과 형벌과 선악 따위의 360가지 인간의 일을 맡아 다스렸다.

"오, 이제 우리는 인간답게 복을 누리며 살게 되었소!"

단군 영정

"입에서 노래가 저절로 나와요."

사람들은 즐거운 나날을 보내었다.

그것을 본 짐승들은 매우 부러워했다. 특히, 곰과 호랑이가 인간들의 삶을 보고 참을 수 없어서 환웅을 찾아갔다.

"저희도 사람이 되게 해 주십시오."

곰과 호랑이가 간절히 청했다.

"어찌하여 짐승이 인간이 되겠다는 거냐?"

"사람이 되어 좋은 일을 해 보려고요."

---

* 신단수(神檀樹) 환웅이 지상으로 내려와 밑에 앉았던 나무.

"그렇다면……."

환웅은 그들의 소원을 들어주겠노라고 했다. 그러고 나서, 곰과 호랑이에게 신묘한 쑥 한 다발과 마늘 스무 개를 주었다.

"그것을 먹으며 굴 속에서 100일 동안 살면 너희 소원대로 사람이 될 수가 있다. 다만, 햇볕을 보지 말아야 한다."

곰과 호랑이는 그것을 받아 가지고 가서 먹어 가며 굴 속에서 살았다.

"아, 답답해……."

곰은 잘 참았으나, 호랑이는 굴 속에서 햇볕을 못 보고 살아서 미칠 것만 같았다.

"……나는 햇볕을 보지 못하고는 더 못 살겠어."

호랑이는 마침내 굴 밖으로 뛰쳐나가서 사람이 되지 못했다.

그렇지만, 잘 참고 굴 속에서 지낸 곰은 100일이 되자 사람으로 변했다. 아름다운 여자가 된 것이다.

여자가 된 곰을 웅녀(熊女)라고 했는데, '웅'은 곰이라는 뜻이다. 곰이 변한 여자였다.

'나도 사람처럼 결혼해서 아기를 낳고 싶은데…….'

단군 성전

웅녀는 고민을 하다가 신단수 아래로 가서 환웅을 만나 소원을 말했다. 환웅은 잠시 사람의 몸으로 변해 웅녀와 결혼해 주었다.

웅녀는 임신을 하여 아들을 낳으니, 이가 곧 단군왕검(檀君王儉)이시며, 우리 나라의 시조이다.

그 뒤 단군왕검은 임금으로 즉위했고, 왕위에 오른 지 50년 만에 도읍을 옮겨서 나라 이름을 '조선'이라 했다. 단군왕검은 도읍인 백악산 아사달(지금의 평양 부근)에서 1,500년 동안 나라를 다스렸다.

단군왕검은 1,980살까지 살다가 산신이 되었다고 한다.

단군에게 제사를 올리는 강화도 마니산의 참성단

주몽과 고구려의 건국

북부여는 기원전 59년에 세워졌다. 즉, 천제는 용 다섯 마리가 끄는 수레를 타고 흘승골 성으로 내려와 나라 이름을 북부여라고 했다.

천제는 이렇게 말했다.

"내 이름을 해모수라 하겠노라."

해모수는 아들을 낳아 '해부루' 라 불렀다.

그 뒤 해부루가 북부여의 왕으로 계승되었다. 해부루왕의 재상인 아란불이 어느 날 꿈을 꾸었는데, 천제가 나타나 이렇게 말했다.

"이 곳은 장차 나의 자손이 내려와 나라를 다스릴 것이다. 그러니 너희는 동쪽 바닷가의 가섭원으로 가서 나라를 세우거라."

아란불의 말을 들은 해부루는 가섭원으로 가서 나라를 세워 '동부여' 라고 했다.

동부여의 해부루왕은 아들이 없어서 산천에 후계자를 낳게 해 달라고 빌었다.

하루는 해부루왕이 말을 타고 가다가 곤연이라는 데를 지나는데, 말이 바위를 보더니 눈물을 흘렸다.

"이상하도다! 어서 저 바위를 치워보아라."

그러니까 거기에 금빛 살갗의 개구리 모양의 사내아기가 뉘어져 있었다. 왕은 기뻐서 외쳤다.

"하늘이 나에게 내려주신 아들이다!"

그 아기를 데려다 길러 금와라 이름짓고 태자로 삼았다. 금와란 '금개구리' 라는 뜻이다. 해부루왕이 죽자, 바로 이 금와가 왕이 되어 나라를 다스렸다.

어느 날, 동부여의 금와왕이 대신들에게 말했다.

"오늘은 날씨도 좋으니, 강변으로 나가 산책을 하겠노라."

그리하여 태백산 남쪽에 있는 우발수 강가로 나갔다. 강 주변의 빼어난 경치에 홀린 왕은 이곳 저곳을 두루 돌아다녀 보았다. 그 때, 한 여자가 나무 밑에서 울고 있는 게 눈에 띄었다.

금와왕은 그 여자가 있는 곳으로 가서,

"어인 일로 이런 곳에 나와 울고 있는고?"

하고 물어보았다.

여자는 눈물을 거두고 자초지종을 이야기했다.

"저는 하백의 딸인 유화입니다."

하백은 냇물을 다스리는 신이다.

"어느 때, 저는 동생들과 함께 나들이를 했지요. 그러다가 잘생긴 남자를 만났습니다. 그는 저에게 천제의 아들인 해모수라고 했습니다."

그런 다음, 해모수는 유화를 웅신산 아래의 압록강 가의 집으로 데려가서 부부의 인연을 맺었다는 것이었다. 그런 해모수가 어디를 다녀온다고 해놓고 여태 돌아오지 않는다고 했다.

"저는 그분을 기다리다가 지쳐서 집으로 돌아갔으나, 아버님이 부모 허락도 받지 않고 결혼했으니……."

집에서 내쫓김을 받았다는 것이었다.

"음, 딱하게 됐군."

금와왕은 여자를 궁으로 데려갔다. 유화는 궁으로 가자마자 방 안에 쓰러졌다. 금와왕은 그 여자를 잘 보살펴 주라고 시녀에게 당부했다.

어두운 방 안에 한 줄기의 빛이 흘러 들어왔다.

'아니, 사방이 벽인데 어디서 빛이 들어온담?'

시녀는 깜짝 놀랐다.

더욱 놀란 것은 유화가 덥다고 잠에서 깨어 일어나 움직이자, 햇볕이 그녀를 따라다니는 것이었다.

그런 일이 있은 뒤로 유화는 아기를 가지게 되었고, 달이 찰수록 배가 불러오기 시작했다.

어느덧 유화는 해산날이 다가왔다. 시녀들이 곁에 있어 주어서 유화는 고통을 참아가며 몸을 풀었다. 아기를 받으려고 하던 시녀들은 모두 기절할 듯이 놀라서 비명에 가까운 소리를 질렀다.

"에그, 이게 뭐야?"

"망측도 해라!"

유화가 난 것은 아기가 아니라 커다란 알이었던 것이다. 여자가 알을 낳았으니, 보고를 받은 금와왕도 처음에는 믿으려 하지 않았다.

"캄캄한 방 안에 햇빛이 흘러들었느니, 알을 낳았느니, 여기가 어디라고 요망을 떠느냐?"

금와왕은 시녀들에게 호통을 쳤다.

"가 보시면 아십니다."

이리하여 금와왕은 유화의 방에 가 보게 되었다.

"아니! 저 알이…….."

금와왕은 유화가 낳아놓은 알을 보고 나서야 사실이라는 것을 알았다.

"……저 알은 저주를 받은 불길한 물건이로다!"

단박 내다 버리라고 금와왕은 명령했다.

궁을 지키는 힘센 하인들이 당장 달려왔다. 한 사람이 그것을 들지 못했다.

"바윗덩이보다 더 무거운걸……."

여럿이 그것을 들었다.

"어디다 버릴까?"

"돼지우리에 넣으면 깨뜨려 먹을 것 아닌가?"

그리하여 유화가 난 알은 돼지우리에 던져 넣어졌다. 한데, 돼지들은 알을 피하고 꿀꿀거리기만 했다.

"이상하네. 돼지들이 알을 보자마자 왜 저렇게 두려워하며 피할까?"

"벌벌 떠는 것 같으이."

하인들은 의논을 했다.

"알을 갖다가 마구간에 넣음세."

"그래. 그러면 말이 뒷발로 차서 깨뜨려 버릴 거야."

이번에는 하인들이 그 알을 돼지우리에서 꺼내어 마구간에 넣었다. 말이 알을 보더니 뒷발질을 하려다가 '힝' 하고 놀라며 피했다. 말들도 돼지들처럼 알을 피하더니, 소란스럽게 힝힝거렸다.

"참으로 이상한 일이네."

"다음에는 외양간에 넣어 보세."

하인들은 알을 꺼내다가 세 번째로 외양간에 넣어 보았다. 소들도 역시 마찬가지였다. 알을 피하며 두려운 듯이 눈망울을 굴려대었던 것이다.

하인들은 더는 어찌하지 못하고 금와왕에게 가서 모든 사실을 고했다. 왕도 고개를 갸웃거렸다.

"아마도 알이 상해서 피하는 것이로다. 하니……."

금와왕은 알을 아예 들판에 갖다 버리라고 명령했다. 하인들은 곧 알을 들판으로 갖다가 버렸다.

그러니까 새들이 알을 보고 날아들기 시작했다.

"하하하, 역시 우리 임금님은 현명하셔."

"알이 상해서 짐승들이 먹지 않고, 새들이 쪼아먹으려고 날아오는군."

하인들은 그 광경을 지켜보았다.

한데, 더욱 이상한 일이 벌어졌다. 날아온 새들이 알 주변에서 제 깃털을 부리로 뽑아내더니 덮어 주는 게 아닌가!

나중에는 큰 새들이 알을 잠깐씩 번갈아 가며 품어 주었다.

"보통 알이 아닌가 보다!"

"맞아, 그러니까 새들이 저렇게 보호해 주지."

하인들은 곧 궁으로 달려가서 이 사실을 금와왕에게 전했다. 왕은 화가 나서 견딜 수가 없었다.

"사람이 낳은 알을 짐승과 새들이 소중하게 돌보다니. 이는 분명히 불길한 예고임이 분명하다!"

당장 그 알을 가져오라고 명령했다. 하인들이 알을 갖다가 금와왕 앞에 대령하자, 알을 깨뜨려 없애는 새로운 방법이 강구되었다.

"누구든지 저 알을 깨뜨리는 자에게는 상을 내리고, 벼슬을 주리라."

그러자 너도나도 알을 깨려고 모여들었다. 도끼를 가지고 온 사람, 쇳덩이를 갖고 온 사람, 바위를 안고 온 사람……. 칼이나 창, 활을 들고 온 무사들까지 보였다.

이 소문을 듣고 구경꾼들도 구름처럼 모여들었다.

먼저 도끼를 든 사람들이 차례로 나섰다. 한데, 도끼질을 한 번 한 장사들은 웬일인지 뻥 나자빠질 뿐이었다. 알은 멀쩡했다. 쇳덩이를 갖다가 내리친 사람은 기절을 해 버리고, 바위로 알을 깨뜨리려고 한 사람은 부상을 입기도 했다. 칼로 알을 내리쳐도, 창으로 찔러도, 활로 쏘아도 알은 끄떡도 하지 않았다.

금와왕의 머릿속에 문득 이런 생각이 들었다.

'아하, 저 알은 하늘이 내리신 것이로구나!'

이제껏 경망스럽게 군 자신이 부끄러워서 왕은 알을 깨뜨려 없애려는 행위를 중단했다. 마침내 왕은,

"알을 잘 씻어서 유화 부인에게 도로 갖다 안겨 드려라."

하고 명령했다.

한편, 유화 부인은 아기가 아닌 알을 낳자 공포에 싸였다.

'내가 천벌을 받아 죽으려나?'

알을 빼앗긴 뒤에는 정신을 잃었다가 겨우 눈을 떴다. 얼굴이 사색이 되어 벌벌 떨고 있을 때, 방문 여는 소리가 났다. 유화 부인은 자신의

목숨이 끝장났나 싶었다.

한데, 알이 되돌아온 것이다. 참으로 이상한 일이었다. 아기가 아닌 알이건만, 유화 부인은 반갑기 그지없었다.

"대왕께서 소중하게 잘 돌보라십니다."

시녀가 이렇게 말해 주었다.

한동안 알을 어루만져보던 유화 부인은 덮개로 잘 싸서 따뜻한 곳에 아주 소중하게 놓아두었다. 이따금 알을 들여다보면 윤기가 전보다 더 잘 흘렀고, 빛이 나는 듯했다.

그렇게 지내던 어느 날, 유화 부인은 알이 금이 간 것을 발견했다.

'알이 껍질을 벗는 모양이다!'

안에서 무엇이 나올지, 그게 궁금하기 짝이 없었다. 시녀도,

"알에서 뭐가 나올까요?"

하고 물었다.

"그건 하늘이나 아시는 일이지."

엄숙한 나날이 흐르고, 알은 차차 금이 많이 가더니 유화 부인과 시녀들이 지켜볼 때 쩍 갈라지는 게 아닌가! 모두 놀랐다.

"사내아기예요!"

잘생기고 건강한 아기였다.

'오, 하늘이 내려주신 내 아기……'

유화 부인은 감격했다.

아기는 보통 아기와는 다르게 쑥쑥 자랐다. 늠름하게 자랐다. 궁에서는 알을 낳았을 때와는 달리 경사가 났다고 떠들었다.

"아기를 잘 기르도록 하라!"

금와왕도 기뻐했다.

알에서 깨어난 아이가 서너 살이 되자 글공부를 했다. 그 재주가 뛰어나서 가르치는 스승도 혀를 내둘렀다. 대여섯 살이 된 그 아이가 하

루는 궁의 뜰에서 놀다가 지나가는 무사를 발견했다.

"어어, 왜 이러지……."

무사는 아이가 달려들자 맥없이 쓰러졌고, 어깨에 멘 활을 빼앗겼다. 활을 빼앗은 아이는 화살을 매겨 공중을 향해 쏘았다.

"퓽……."

소리가 나고 화살이 까마득히 치솟자, 무사는 입을 딱 벌렸다.

"어린아이가 활을 이렇게 멀리 쏘는 것은 예삿일이 아니다!"

무사는 만나는 사람마다 이렇게 말했다. 그 날부터 아이는 무사가 선사한 활과 화살을 가지고 다니며 스스로 무예를 익혔다.

아이는 날만 새면 사냥을 하러 궁을 빠져나갔다. 돌아올 때는 활로 잡은 새들이 옆구리에 주렁주렁 했다.

"알에서 깨어난 아이는 날아가는 새도 백발백중으로 맞춘대요."

이런 소문이 났다.

"주몽이 되려나 봅니다."

이 무렵 동부여에서는 활을 잘 쏘는 사람을 '주몽' 이라고 불렀다. 마침내 그 아이는 주몽으로 불렸다.

주몽은 활쏘기뿐 아니라, 말타기도 단번에 배웠다. 말을 타고 달리며 활을 쏘는 주몽을 보면 놀라지 않는 사람이 없었다.

"우와, 어떻게 저렇게 쏜살같이 달리면서 활을 쏘아 맞춘담?"

그것은 신기*에 가까웠다.

금와왕은 일곱 명의 왕자를 두었다. 일곱 왕자들은 주몽의 무예 솜씨를 은근히 시기했다.

"저 애를 가만놔 두었다가는 큰일나겠어."

"맞아! 무슨 수를 써서라도 없애야 해."

---

* 신기(神技) 신만이 할 수 있는 탁월한 기술.

일곱 왕자들은 모이기만 하면 주몽에 관한 이야기를 했다. 특히, 태자인 대소는 주몽만 보면 안절부절하지 못했다.

그러던 어느 날, 대소는 아버지 금와왕을 찾아갔다.

"무슨 일이 있느냐?"

금와왕은 갑자기 찾아온 태자에게 물었다.

"주몽에 대해서 여쭐 말씀이 있어서요."

"음, 요즘 주몽의 무예가 출중해졌다는 소문이 들리더구나. 너희도 그 본을 받아야겠지?"

대소는 속이 무척 상했다. 다른 사람들뿐 아니라, 아버지도 주몽을 좋게 보기 때문이었다.

"아버님……."

"말해 보아라."

"주몽이 사람의 자식이 아니라, 알에서 깨어나온 요물이라는 걸 아버님도 잘 아시지 않습니까?"

"요물? 너, 주몽을 시기하는구나?"

"아버님을 위해서 드리는 말씀입니다. 모두 하늘이 낸 아이라고 하지만, 제 눈에는 요물로 보입니다. 겉으로는 착한 척하지만, 그 아이가 언젠가는 반역을 도모해서 아버님을 해칠 게 분명합니다."

"그래서 주몽을 궁 밖으로 쫓아내라는 거냐?"

"미리 손을 쓰지 않으시면 아버님이 크게 후회하실 것입니다."

금와왕은 태자 대소의 말을 듣고 왜 그런 말을 하는지 단박 알아차렸다. 대소가 주몽에게 태자 자리를 빼앗길까 봐 걱정한다는 것을……. 그렇다고 대소의 말을 무시할 수는 없었다.

"이 아비, 네 말을 명심하마. 한 가지 분명한 사실을 말해 주마. 그것은 주몽이 비록 어미가 다른 여자한테서 태어났다 하더라도, 궁에서 태어났으니 네 동생이다."

금와왕은 잠시 생각하다가,

"네 동생을 궁 밖으로 내쫓으면 세상 사람들이 나와 너를 나쁘게 말할지도 모른다. 그러니 주몽을 마구간에서 일하게 하겠다."

하고 결정했다.

대소는 아버지의 뜻에 반대하지 않았다.

'말이나 돌보는 하찮은 일을 맡겼으니……'

주몽이 제 재주를 떨치는 짓은 하지 않을 거라고 대소는 위안을 삼았다. 금와왕의 명령대로 주몽은 당장 마구간지기가 되었다.

다른 사람 같으면 왕의 그런 처사에 불만을 품으련만, 주몽은 그렇지 않았다. 맡은 일을 아주 열심히 해나갔다. 그러면서 자신에게 앞으로 닥칠 일을 예감했다.

'언젠가는 내가 여기를 떠나야 한다.'

궁 안에서 오래 살 수 없다는 것을 알았다.

어느 날, 주몽이 마구간을 돌보고 있을 때 유화 부인이 찾아왔다. 슬픈 얼굴로 아들을 바라본 부인이 물었다.

"제일 좋은 말이 어떤 것이냐?"

"이 말입니다!"

주몽은 보기에도 하늘을 날 듯 팔팔한 준마를 가리켰다.

"그래? 그렇다면 이 말은 네 말이다."

부인은 옷소매에서 바늘 한 개를 꺼내어 그 말의 혓바닥에 꽂았다.

"이 말이 네 차지가 되면 바늘을 뽑아내어라."

참으로 이상한 일이었다. 그 말은 꼼짝 못하더니 날이 갈수록 여위었다. 준마가 웬 말이냐는 듯 비실거렸다. 주몽은 어머니가 왜 그 말의 혓바닥에 바늘을 꽂았는지 알지 못했다.

또, 어느 날 금와왕이 마구간을 찾아왔다.

"말을 정성껏 잘 돌보니, 너에게 말 한 필을 선물로 주겠노라. 어느 말을 갖고 싶으냐?"

순간, 주몽은 어머니가 혓바닥에 바늘을 꽂아서 몹시 여윈 준마 생각이 났다. 주몽은 그 말을 달라고 했다.

"좋은 말이 얼마든지 있는데, 왜 하필이면 병이 든 저런 말을 갖겠다는 것이냐?"

"불쌍해서 제가 잘 돌보고 싶어서입니다."

"음, 그래. 그렇다면 저 말을 가져라."

그 날 밤, 왕자들이 금와왕을 찾아와서 물었다.

"주몽에게 말 한 필을 주었습니까?"

"그래, 태자가 시킨 대로 했다."

"물론, 제일 좋은 말을 차지했겠지요?"

"그랬다면 주몽이 반역을 일으킬 악한이라고 했겠다?"

"네! 틀림없이 주몽이 제일 좋은 말을 달라고 했을 겁니다."

"그 반대다. 병들어서 비실거리는 말을 달라더구나. 왜 그러냐고 했더니, 불쌍해서 죽는 날까지 제가 돌봐 주겠다는 거야."

왕자들은 더 이상 아무 말도 하지 못하고 물러갔다.

주몽은 어머니의 말씀대로 그 말이 제 차지가 되자 비로소 혓바닥에 꽂은 바늘을 빼어버렸다. 말이 생기를 되찾기 시작했다.

왕자들이 모여 의논을 했다. 하찮은 마구간지기에 지나지 않는 주몽이지만, 일곱 왕자들은 기어이 그를 살려 두지 않으려는 음모를 꾸미기 시작한 것이다.

"주몽을 없앨 좋은 방법이 한 가지 있어요."

막내가 꾀를 내었다.

"어떻게?"

"이번에는 저에게 맡겨 주세요."

막내는 태자에게 장담을 했다.

그 음모가 막내에 의해 착착 진행되었다. 우선 막내는 금와왕이 왕자들을 데리고 사냥을 하러 가는 날을 놓치지 않았다.

"내일 주몽도 함께 데려가 주세요."

이렇게 하여 이튿날 주몽은 왕자들과 함께 사냥을 하러 갔다. 금와왕은 이 날 사냥을 하러 가서 누구보다 먼저 부하들을 거느리고 궁으로 돌아왔다. 뒤에 남은 왕자들은 주몽을 없앨 본격적인 음모를 꾀했다.

"죽여 없앨 수도 있지만, 그러면 아버님이 아실 것입니다. 감쪽같이 없애야 합니다."

막내가 설명을 했다.

"감쪽같이 표 안 나게 없앨 수만 있다면……."

왕자들은 막내의 말에 귀를 기울였다.

"이제 날이 어둡기 시작하면, 저 산꼭대기까지 주몽과 말달리기 시합을 하는 겁니다. 그랬다가 붙잡아 나무에 꽁꽁 묶어놓고 우리는 궁으로 돌아가는 것이지요."

"호랑이에게 잡아먹히게? 만일, 잡아먹히지 않으면?"

"새벽에 제 부하들을 시켜서 주몽을 죽여 그 나무 밑에 파묻으라고 하겠습니다. 그러면 사냥하러 간 주몽이 먼 곳으로 도망친 것이 될 게 아닙니까?"

모두 막내의 말을 듣고 좋다고 찬성했다.

드디어, 왕자들의 말달리기 시합이 벌어졌다. 물론, 주몽도 여기에 끼게 했다.

아무것도 모르는 주몽은 제 말인 준마를 타고 달려서 산꼭대기로 제일 먼저 올라갔다. 한데, 뒤따라 온 왕자들이 달려들어 다짜고짜 나무에 붙잡아매는 게 아닌가!

"하하하, 너는 오늘이 마지막이다."

"호랑이 밥이 되어라."

왕자들은 말을 타고 궁으로 돌아갔다.

나무에 꽁꽁 묶인 주몽은 옴쭉달싹도 하지 못했다. 준마만 하늘을 쳐다보며 울부짖을 뿐이었다.

한편, 금와왕은 왕자들을 불러놓고 이 날 사냥을 한 이야기를 하다가

"주몽도 불러오지?"

하고 말했다.

"참!"

막내가 불쑥 나서서 말했다.

"주몽은 우리와 술래잡기를 했는데요, 산에서 함께 내려오지 않았어요! 그러니까 지금도 산에서 우리를 찾아 돌아다닐 거예요."

거짓말을 한 막내는 제 부하들을 시켜서 데려오겠다고 하며 밖으로 나갔다. 이미 대기시켜 놓은 칼잡이들이 여러 명 말을 끌고 와서 기다리고 있었다.

"빨리 가서 주몽이 어떻게 되었나 보아라. 호랑이에게 물려 죽었으면 밧줄을 풀어놓고 그냥 오고, 그렇지 않고 살아 있다면 목을 쳐서 그 나무 아래에 구덩이를 파고 묻어라."

부하들은 말을 타고 사냥을 한 산으로 내달았다. 가 보니, 주몽이 보이지 않았다.

"어떻게 된 거야? 호랑이한테 물려 죽지도 않고……."

밧줄이 풀어져 있었다.

"누가 와서 구해 줬나 봐."

맞는 말이었다.

주몽의 주위에는 비밀로 따르는 부하들이 있었다. 그들은 항상 주몽의 신변을 주목해 오며 살았는데, 물론 마구간에도 드나들었다.

주몽이 사냥을 가기 전날 밤, 주몽은 찾아온 어머니 유화 부인의 말을 듣고 왕자들이 자기를 없앨 음모를 꾸민다는 것도 알고 있었다.

"네가 여기를 떠날 때가 돌아온 것 같구나. 그러니 사냥을 가는 날 밤이 어미 곁을 떠나거라."

주몽이 망설일 때 오이 · 마리 · 합부가 나타났다. 이들은 주몽을 비밀히 따르는 심복들이었다.

"내일 사냥을 하러 가서서 궁으로 돌아오지 마시고 그냥 기다리고 계세요. 저희는 마구간에 가서 말을 꺼내어 타고 갈 테니까요."

이런 약속이 있었다.

주몽의 심복들이 말을 타고 산으로 올라가 나무에 꽁꽁 묶인 주몽을 구해 주고 함께 떠난 것이다. 이 사실을 까맣게 모르는 왕자들은 모여

서 애를 태웠다.

"주몽이 어떻게 없어졌지?"

"누가 밧줄을 풀어주고……."

왕자들은 마구간에 가서 말의 수효를 세어보고 나서야 주몽 일행이 탈출했음을 알았다.

대소 태자는 이 사실을 알고 가만히 있지 않았다.

"놈을 죽여 없애야 후환이 없어!"

금와왕에게 주몽의 탈출 사실을 알린 그는 군사를 풀어 뒤쫓게 했다.

한편, 심복들과 함께 밤새도록 말을 달려 동부여를 떠난 주몽은 엄수

라는 강가에 다다랐다. 한데, 이를 어쩌면 좋은가.

"강이 가로놓였으니……."

물이 깊어서 도저히 건널 수가 없었다.

날이 훤히 밝았을 때는 태자의 군사들이 달려오는 게 보였다. 앞은 강이요, 뒤는 적이었다. 주몽은 나아갈 수도 없고, 되돌아갈 수도 없어서 눈앞이 캄캄했다.

"주몽아, 이제 네 목숨은 우리 손에 달렸다! 어서 항복하라."

대소는 의기양양해서 소리치며 군사들을 이끌고 말을 달려왔다. 망연자실한 주몽은 강가에 무릎을 꿇고 강물을 향해 애원했다.

"신이시여! 이 주몽은 동부여의 왕자들의 음모를 피해 다른 곳으로 떠나려고 합니다. 원하옵건대, 부디 이 강을 건널 수 있게 하여 주소서……."

그러자 기적이 일어났다.

수많은 물고기와 자라 떼가 나타나 서로 꼬리를 물어서 다리를 놓아 주지 않는가! 주몽 일행은 신이 돕는다는 것을 알고 강물로 뛰어들어서 물고기들이 만들어 준 다리 위를 건넜다.

강가로 와서 그 광경을 본 대소는 정신이 나간 것처럼 멍해졌다.

"이럴 수가……."

군사들도 말을 타고 멈춘 채 물고기가 만든 다리를 바라보았다. 주몽 일행이 강을 다 건너자, 다리를 놓아 준 물고기들은 순식간에 사라져 버렸다.

태자 대소와 군사들은 더 이상 주몽을 붙잡을 생각을 버리고 돌아가야만 했다.

주몽 일행은 말을 타고 졸본주에 도착해서 그 곳을 도읍으로 정하고 나라를 세웠다. 이것이 '고구려'이다. 궁궐을 짓지 아니하고 우선 비류수 가에 임시로 초막을 짓고 건국한 나라였던 것이다.

주몽은 자신의 성을 '고' 씨로 정했다. 그리하여 고주몽은 겨우 12살의 나이로 임금이 되었으며, 왕의 호칭을 쓴 것은 기원전 37년경으로 추정된다. 고구려는 그 뒤 차차 큰 나라로 발전했다.

고구려 고분 벽화

신라를 세운 혁거세

옛날 남쪽의 진한 땅에 여섯 고을이 자리잡고 있었다.

그 6촌이란 알천의 양산촌, 돌산의 고허촌, 무산의 대수촌, 취산의 진지촌, 금산의 가리촌, 명활산의 고야촌이다.

양산촌의 우두머리는 하늘에서 내려왔다는 알평(謁平)으로, 그는 뒷날 급량부 이(李) 씨의 조상이 되었다. 고허촌의 우두머리는 하늘에서 형산으로 내려왔다는 소벌도리(蘇伐都利)로, 사량부 정(鄭) 씨의 조상이 되었다. 대수촌의 우두머리는 하늘에서 이산으로 내려왔다는 구례마(俱禮馬)로, 점량부 또는 모량부 손(孫) 씨의 조상이 되었다. 진지촌의 우두머리는 하늘에서 화산으로 내려왔다는 지백호(智伯虎)로, 본피부 최(崔) 씨의 조상이 되었다. 가리촌의 우두머리는 하늘에서 내려왔다는 저타로, 배(裵) 씨의 조상이 되었다. 고야촌의 우두머리는 하늘에서 내려왔다는 호진(虎珍)으로, 습비부 설(薛) 씨의 조상이 되었다.

이 6촌은 서기 32년, 즉 노례왕 즉위 9년에 '6부'라고 이름을 바꾸고 각각 한 성을 가졌다.

기원전 69년 3월 초하룻날, 6촌의 우두머리들이 각각 아들들을 데리고 알천 냇가의 언덕에 모였다. 중대한 회의를 하기 위해서였다.

이들에게는 아직 임금이 없었다. 누군가가 나서서 이 문제를 이야기했다.

"우리를 다스릴 임금이 필요하오. 사람이 점점 많이 불어나니까요."

"옳은 말씀이오."

그러므로 덕망을 갖춘 분을 임금으로 받들고 나라를 세워야 한다는 의견이 일치했다.

이 때 희한한 사실이 발견되었다.

"참으로 이상한 일입니다."

남쪽을 바라보니, 먼 양산 기슭의 '나정'이라는 우물 곁에 찬란한 빛이 뿜어지고 있었다. 사람들은 지체 없이 그 곳으로 달려가 보았다.

"세상에……."

백마 한 마리가 꿇어앉아 절을 하는 게 아닌가! 앞에는 자줏빛이 나는 커다란 알이 한 개가 놓여 있었다.

절을 하던 백마는 사람들을 보자 큰 소리로 울면서 하늘로 올라갔다. 사람들은 그 알을 조심조심 깨어보았다. 그랬더니 아주 잘생긴 사내아이가 들어 있었다.

6촌 우두머리들은 그 아이를 동쪽의 냇물로 안고 가서 목욕을 시켰다.

"몸에서 광채가 찬란하게 나는군."

뿐만이 아니었다. 그 빛을 따라 갖가지 짐승과 새들이 날아와 춤을 추기도 했다.

알에서 나온 아이를 사람들은 '혁거세왕'이라 불렀다.

"이제 우리도 임금님을 모시게 되었다!"

사람들은 매우 기뻐했다.

"임금님 배필도 구해야 합니다."

임금에게는 왕후가 꼭 필요했다.

어느 날, 사람들은 알영정이라는 우물가에 이상한 닭 한 마리가 나타난 것을 발견했다. 이 계룡은 닭의 모양을 띤 용이었다. 우물가로 내려온 계룡이 왼쪽 옆구리로 여자아이를 낳아 놓았다.

"와, 이쁜 여자아기다!"

사람들은 그 아기를 보고 기뻐했다.

한데, 이 아기는 입술이 닭의 부리처럼 뾰족했다. 사람들이 이 여자아기를 월성 북쪽의 냇가로 데려가서 목욕을 시켰더니, 닭의 부리 같은 게 빠지고 사람의 고운 입술이 되었다.

이리하여 사람들은 남산 서쪽에 궁을 짓고 두 아이를 잘 길렀다. 사내아기는 박처럼 생긴 알에서 나왔다 하여, 성을 박(朴) 씨라 했다. 또, 여자아이는 태어난 우물 이름을 따서 알영이라고 했다.

두 아이는 똑같이 무럭무럭 자라 어느덧 열세 살이 되었다. 이 해에 6촌의 우두머리들은 혁거세를 왕으로 추대하고, 알영은 왕후로 떠받들었다. 나라 이름은 '서라벌' 또는 '서벌' 이라고 했다.

처음에는 계정*의 이름을 따서 계림국(鷄林國)이라고 정했다는 설도 있다. 아무튼 '신라' 라는 나라 이름은 그 뒤에 정해졌다.

혁거세왕은 나라를 61년 동안 다스리고 하늘로 올라갔다고 한다. 그런 지 7일 만에 그의 몸이 흩어져 내려서, 그것을 본 왕후도 뒤따라 죽었다. 혁거세왕은 오체*가 떨어진 곳에 각각 묻어서 무덤을 만들었는데, 그 능을 '오릉' 이라 했다. 혁거세왕의 존칭(왕의 칭호)은 거슬한(거서간)이었다.

혁거세왕의 무덤인 오릉

---

* 계정(鷄井) 닭의 울음소리가 들린, 왕의 탄생 우물.
* 오체(五體) 머리, 두 손, 두 발을 일컬음.

남해왕과 탈해왕

남해왕(南解王)은 혁거세왕의 뒤를 이은 왕이다. 남해 거서간, 또는 차차웅이라는 임금 칭호가 붙었다.

나라를 다스린 지 21년 만에 남해왕이 세상을 떠나자, 그 뒤는 아들인 노례가 이었다.

처음에는 노례가 왕위를 사양했다. 탈해에게 왕위를 맡으라고 했다. 서로 왕위를 사양할 때 탈해는 한 가지 꾀를 생각해 냈다.

'노례가 나보다 이가 더 많아!'

이것을 안 탈해가 노례에게 말했다.

"예로부터 이가 많은 사람은 덕이 높다 했소이다. 그러니 우리 두 사람 중에서 이가 많은 사람이 왕이 됩시다."

두 사람은 떡을 갖다가 각각 베어 물어 내보였다. 떡에 잇자국이 찍힌 것을 세어보니 노례가 더 많았다. 이렇게 하여 노례가 왕이 되었는데, 임금 칭호를 잇금 또는 '이사금' 이라고 불렀다.

서기 23년, 노례는 왕위에 올라 9년 후에 6부의 이름을 바꾸고 각각 여섯 가지의 성을 정했다.

신라 제2대 남해왕 때였다.

동쪽 하서지라는 곳에 아진포라는 마을이 있었는데, 한 할머니가 살고 있었다. 할머니의 이름은 '아진의선' 이었다.

아진의선 할머니는 고기잡이를 하여 생활했다. 어느 날, 할머니는 바다로 고기를 잡으러 갔다. 한데, 이상한 광경을 목격했다.

'웬 까치가 저렇게 많이 날아들었을까?'

아진의선 할머니는 까치가 떼지어 있는 곳으로 배를 저어 가 보았다. 거기에는 조각배 한 척이 바다 물결에 밀려와 흔들리고 있었다.

그 배를 까치들이 날아와 보호하는 것이었다.

할머니가 다가가자 까치들은 요란하게 울부짖었다.

'대체 배 안에 무엇이 있길래……'

가 보니, 거기에 큰 궤짝 하나가 실려 있었다. 할머니는 문득 저번에 들은 이야기를 떠올렸다.

가락국 임금인 수로왕이 바닷가에 밀려온 배를 맞으려 했지만, 그 배가 온데간데없이 사라져 버렸다는 것이다. 할머니는 길이가 스무 자, 폭이 열세 자 정도 되는 궤짝을 보고 궁금해 견딜 수가 없었다.

'아무래도 내 힘으로는 배를 옮겨놓지 못해.'

할머니는 되돌아가서 집안 사람들을 불러다가 배를 모래사장으로 끌어왔다. 사람들도 궤짝 속에 무엇이 들었는지 매우 궁금히 여겼다. 그렇지만 잘못 만지면 재앙이 내릴까 봐 누구도 함부로 열어보지 못했다.

사람들이 말했다.

"이건 예삿일이 아니니, 하늘에 제부터 올리고 궤짝을 열어봅시다."

"그래야 무사할 것 같소."

이런 의견이 지배적이었다.

아진의선 할머니도 그 말이 맞는 것 같아 간단한 제의 의식을 올렸다. 무릎을 꿇고 하늘에 정중히 절을 올린 다음, 경건하게 하늘을 향해 말했다.

"상자 뚜껑을 열어보아도 아무런 탈이 없게 해 주옵소서."

다른 사람들도 따라서 무릎을 꿇고 '재앙이 내리지 않기를 바란다'고 중얼거렸다.

마침내 사람들은 조각배에 실려 떠내려온 상자의 뚜껑을 열었다. 할머니를 비롯한 여러 사람들은 안을 들여다보고 소스라쳤다.

"아니, 사내아이가 들어 있잖아?"

"하인들과 일곱 가지 보물도 들어 있고……"

할머니는 마음을 가다듬어 아기와 하인들을 자기 집으로 안내한 뒤, 7일 동안 잘 보살피고 대접했다. 사내아이, 즉 부잣집 도령인 듯한 소년이 할머니에게 배에 실려온 자초지종을 설명했다.

"저는 용성국 사람입니다."

용성국(일본 동쪽의 먼 곳에 있다는 상상의 나라)에는 스물여덟 명의 용왕이 살고 있다는 것이다. 그 용왕들은 사람의 몸으로 태어나서 5, 6세가 되면 임금이 되어 나를 다스린다고 했다.

"저의 부친은 용성국의 함달파왕이신데, 적녀국 공주와 혼인했지요. 두 분은 아들이 없어서 근심으로 지내다가 7년 동안 하늘에 기도를 드려 임신을 했습니다."

한데, 낳아놓고 보니 사람이 아니라 커다란 알이더라는 것이었다. 왕은 몹시 노해서 재앙이 미치기 전에 멀리 떠나 보내기로 했다. 큰 궤짝을 만들어 알을 그 안에 넣고 일곱 가지 보물과 함께 하인들을 딸려 배에 실은 뒤 바다에 띄웠다는 것이다.

"그 때 아버님의 말씀을 저는 똑똑히 들었습니다. '알에서 깨어나는 네가 만일 사내아이라면, 머무는 곳에 나라를 세워 살아가거라.' 하는 말씀을요."

이렇게 하여 도령은 배에 실려 바다에 띄워졌고, 붉은 용이 나타나 보호해 주어서 이 곳까지 흘러왔다는 것이었다.

도령은 아진의선 할머니에게 거듭 고맙다는 말을 했다.

"저는 이제 여기에 더 머물지 못합니다. 아버님이 당부하신 대로 제가 해야 할 일을 찾아 나서야 합니다."

얼마간의 재물을 할머니에게 드린 도령은 하인 두 명만 거느리고 그 집을 떠났다. 도령은 토함산 속으로 들어갔다.

'어디에서 산담?'

당분간 돌집을 지어 살던 도령은 초승달처럼 생긴 봉우리가 있는 곳을 발견했다. 도령은 토함산을 내려와서 그 곳을 찾아갔으나, 거기에는 이미 호공이라는 사람이 기거하고 있었다.

'나는 기어코 저 곳에서 살아야 해! 내가 점찍은 데니까.'

도령은 한 가지 계략을 꾸몄다. 하인들에게 호공의 집에 몰래 가서 숫돌과 숯을 묻어 두고 오라고 일렀다. 하인들은 밤중에 호공의 집에 숨어 들어가서 몰래 숫돌과 숯을 묻었다.

날이 밝자, 도령은 일찌감치 호공의 집을 찾아갔다.

"주인장 계십니까?"

그 집 하인이 나와서 도령을 보고 고개를 갸웃거렸다. 처음 보는 아이이기 때문이었다.

하인이 들어가서 주인에게 말했다.

"낯모르는 아이가 찾아왔는데요, 범상치가 않습니다."

"무슨 일인지, 들어오라고 해라."

도령은 하인의 안내를 받아 안으로 들어가서 호공에게 정중히 인사를 하고, 찾아온 용건을 말했다.

"저의 조상님이 사시던 이 집을 찾으러 왔습니다. 그러니 돌려주십시오."

"뭐, 뭐? 보아하니, 부랑배구나! 아니면, 정신이 돌아버린 아이든가."

호공은 너무나도 기가 막혀서 하인에게 끌어내라고 소리쳤다.

"이 집이 제 집이라니……."

도령은 그 집에서 나오자마자 곧 관청으로 달려가 호공을 고발했다. 고발을 접수한 관원이 사람을 보내어 호공을 데려오게 했다.

그리하여 재판이 벌어졌다.

"어찌하여 호공이 살고 있는 집을 네 조상이 살던 집이라고 주장하느냐?"

관원이 먼저 도령을 심문했다.

"우리 조상이 사시던 집인데, 제가 무슨 일이 생겨서 출타하여 쭉 비워 놓았습니다. 그 동안에 저자가 들어와 산 것입니다."

"하면, 무슨 증거가 있는가?"

"저희 조상은 본래 대장장이여서 집 근처의 땅을 파 헤쳐보면 증거물이 나올 것입니다."

관원은 도령의 말을 듣고 사람들을 시켜서 집 주위의 땅을 샅샅이 뒤져보라고 했다. 호공은 분해서 얼굴이 붉으락푸르락해졌다.

"맑은 하늘에 날벼락이 치는 격이니……."

얼마 뒤에 호공의 집에 가서 증거물을 찾은 사람들이 돌아왔다. 그들이 들고 온 것은 숫돌과 숯이었다.

'흐흐흐, 내 계략이 잘 들어맞는구나.'

도령은 속으로 좋아하고, 호공은 얼굴이 사색이 되었다. 숫돌과 숯은 도령의 하인이 몰래 숨어 들어가서 묻어놓은 것이었다.

관원은 도령의 증거물이 발견되자 즉시 판결을 내렸다.

"저 아이의 말이 사실로 확인되는 증거물이 나왔다. 그러니 호공은 집을 본 주인에게 돌려 줘라."

호공은 멍청하게 집을 빼앗기고 말았다.

도령의 이름은 '탈해(脫解)'이다. 알에서 깨어 궤짝 속에서 나왔다 하여 그렇게 붙여진 것이다.

탈해는 자라나면서 남다른 용모와 지혜를 보여 사람들의 칭송이 자자했다. 뿐만 아니라, 신라의 제2대 임금인 남해왕의 귀에도 들어갔다. 남해왕은 탈해를 불러 시험해 보았다.

"음, 과연 들리는 소문과 다르지 않군."

남해왕은 탈해를 맏공주와 결혼을 시켜 짝이 되게 해 주었다. 공주는 아니 부인으로 불렸다.

어느 무더운 여름날, 탈해가 하인을 불러 심부름을 시켰다.

"옹달샘의 물을 떠오너라."

하인은 호리병을 가지고 산 속의 옹달샘을 찾아가 물을 떴다. 한데, 산에서 내려오다가 목이 몹시 말랐다.

'주인이 마실 물이지만, 딱 한 모금만 마시자. 한 모금을 마셨다고 표가 나는 게 아니잖아?'

하인은 호리병 주둥이에 입을 갖다 대었다.

"흐억."

입에 댄 호리병이 딱 달라붙고 만 것이다. 아무리 해도 병이 떨어지지 않아서 큰일났다 싶었다.

'죄를 받았구나!'

하인은 얼굴이 빨개져서 호리병이 입에 달린 채로 집으로 달려갔다. 탈해는 그 광경을 보고는 한바탕 웃음을 터뜨리고 나서 꾸짖었다.

"네 놈이 물을 훔쳐먹으려고 했구나?"

"나리, 죽을 죄를 지었습니다. 다시는 속이지 않겠습니다."

하인이 무릎을 꿇고 빌자 탈해는 비로소 호리병을 하인의 입에서 떨어뜨려 주었다. 이런 일이 있은 뒤로, 누구든지 탈해를 속이는 일이 없었다.

탈해는 드디어 서기 57년, 제3대 노례왕의 뒤를 이어 왕위에 올랐다. 탈해의 성은 '석(昔)' 씨라 했는데, 아이 적에 남의 집을 빼앗은 일이 있다 해서 그렇게 붙여졌다.

신라 제4대 탈해왕은 왕위에 오른 지 23년 만에 세상을 떠났다.

통일 신라 시대 궁전 내의 연회 장소인 포석정

김알지 이야기

신라 제4대 탈해왕 때, 즉 서기 60년에 생긴 일이다.

호공이 밤길을 걷고 있는데, 시림이란 숲에서 아주 기이한 광경이 목격되었다.

'숲 속에서 자색 구름이 하늘로 뻗치고 있잖아?'

자세히 바라보니, 나뭇가지에 황금 궤 하나가 걸려 있었다. 또, 그 아래에서는 흰 닭이 목청을 길게 뽑아 울었다.

'보통 일이 아니다!'

호공은 곧 궁으로 달려가서 임금에게 그 사실을 보고했다.

"가 봐야지!"

탈해왕은 서둘러 시림으로 가서, 황금 궤를 열어보았다. 그 속에서 사내아이가 벌떡 일어나지 않는가!

탈해왕이 아이를 안고 궁으로 돌아오니까 짐승들과 새들이 뒤를 따르며 기뻐했다.

그 아이의 이름을 '알지' 라고 불렀는데, 그것은 '아기' 라는 뜻이다. 왕은 길일을 택해서 알지를 태자로 책봉했다. 그렇지만 태자 알지는 뒷날 임금이 되는 것을 마다하고 파사에게 양보했다.

알지는 열한, 열한은 아도, 아도는 수유, 수유는 욱부, 욱부는 구도, 구도는 미추를 낳았는데, 미추가 비로소 왕위에 올라 미추왕으로 불렸다.

알지의 성은 금궤에서 나왔다 하여 '김(金)' 씨로 정했다.

연오랑과 세오녀

신라 제8대 아달라왕이 다스리던 때이다.

푸른 물결로 넘실거리는 동해 바닷가의 외딴 집에 젊고 의좋은 부부가 살고 있었다. 남편은 '연오랑'이라 하였고, 부인은 '세오녀'라고 불렸다. 연오랑은 고기잡이로 생활을 꾸려나갔다.

"오늘은 해초를 뜯어다 팔아야겠소."

"바람이 심하면 그냥 돌아오세요."

세오녀는 아침을 먹고 나서는 남편을 문 밖에까지 배웅했다.

연오랑은 바닷가로 나가서 해초가 많을 성싶은 바위를 발견했다. 파도가 출렁거리는 그 바위까지 바구니를 옆에 끼고 헤엄쳐 갔다.

'오, 오늘은 하늘의 도우심이 있는 날이군!'

바위에 해초가 다닥다닥 붙어 있어서, 연오랑은 단숨에 한 바구니가 차게 뜯었다. 집으로 돌아가려고 허리를 폈을 때 이상한 광경이 벌어졌다.

'이게 웬일이야!'

바위가 배처럼 둥실둥실 떠가는 게 아닌가.

연오랑은 큰일났다 싶었다. 바위는 바닷가로 떠가는 게 아니라, 바다로 향하고 있었다. 모래사장은 순식간에 멀어져서 헤엄을 칠 수도 없었다.

바위는 두둥실 동쪽으로 흘러가고 있었다.

'집에서 세오녀가 기다릴 텐데…….'

아내의 모습이 눈앞에 어른거렸으나, 연오랑은 어찌할 수가 없이 바위에 몸을 맡겨야 했다.

이미 바다 한가운데였다. 육지는 까마득히 아른거렸다. 연오랑은 발을 동동 굴렀으나, 바위는 자꾸만 동쪽으로 흘러가서 어느 섬나라에 닿았다.

'여기가 어디야?'

생전 처음 보는 그 곳에 바위가 멈추었다. 연오랑은 하는 수 없이 그 섬나라 땅을 밟았다.

연오랑이 육지에 닿아 두리번거릴 때 많은 사람들이 모여서 웅성거리는 게 보였다. 무슨 의논을 하는 모양이었다. 연오랑은 먼발치에 서서 그 사람들의 행동을 지켜보았다.

많은 사람들 중에서 나이가 가장 많은 듯한 노인이 연오랑이 있는 곳으로 왔다.

"잘 오셨습니다!"

노인이 뜻밖에 연오랑에게 허리를 굽히더니 공손히 말했다. 연오랑도 얼떨결에 고개를 숙이고 질문했다.

"대체 여기가 어딥니까?"

"여기는 일본국입지요. 우리는 하늘이 내려보내 주시는 귀한 분이 온다는 것을 이미 알고 바닷가에 매일 나와서 기다렸습니다."

"하늘에서……."

"그렇습니다! 당신은 하늘에서 내려보내 주신 저희의 왕이십니다."

연오랑은 깜짝 놀라 손을 저었다.

"왕이라니, 당치않습니다! 저도 보통 사람에 지나지 않습니다."

"아닙니다! 하늘에서 보내신 저희 왕이십니다. 그러니……."

사람들이 몰려와서 절을 하며 왕이 되어 달라고 애원했다. 연오랑은 가만히 생각해 보았다.

'내가 움직이는 바위를 탄 것은 저 사람들 말대로 하늘의 뜻일 거야.'

그렇다면 왕이 되어도 괜찮다는 생각이 들었다.

사람들은 만세를 부르며 말을 가져와서 연오랑을 태워 갔다. 으리으리한 집으로 안내를 받아간 연오랑은 그 사람들의 왕으로 추대되었다.

연오랑은 후한 대접을 받아가며 왕 노릇을 하다가 문득 생각했다.

'오, 세오녀!'

아내 얼굴이 떠올랐다.

왕이 되어 좋기는 했으나, 집에 두고 온 세오녀 생각이 나자 눈물이 줄줄 쏟아져 내렸다.

"대왕이시여, 왜 눈물을 흘리십니까? 저희가 잘못해서 그러시나요?"

아무것도 모르는 그 곳 사람들은 연오랑이 우는 것을 보자 당황해서 더 잘 모셨다.

한편, 세오녀는 밤새도록 뜬눈으로 남편을 기다리다가 지쳤다. 새벽에 바닷가를 나가 보아도 연오랑이 보이지 않았다.

'바위에서 해초를 따다가 미끄러져서……'

온갖 불길한 생각이 머리를 스쳤다.

이 때부터 세오녀는 바닷가에서 남편을 기다리기 시작했다. 하루가 지나고 이틀이 지나도 남편은 돌아올 줄을 몰랐다.

"연오랑……. 연오랑……."

세오녀의 외침은 파도 소리에 휘감겨 버렸다.

그렇게 울면서 남편을 부르던 세오녀 앞에 이상한 광경이 목격되었다. 바위 하나가 두둥실 떠오고 있었던 것이다. 더욱 이상한 것은, 그 위에 웬 신발 한 짝이 얹혀져 있는 것이었다.

'연오랑 신발이다!'

세오녀는 저도 모르게 그 바위가 있는 곳으로 뛰어들어 헤엄쳐서 올라탔다. 남편의 신발임이 틀림없었다.

그것을 부여안고 울음을 터뜨리던 세오녀는 소스라쳤다. 바위가 바다 쪽으로 마구 떠가는 게 아닌가! 세오녀를 태운 바위는 동쪽으로 마냥 흘러가고 있었다.

'이게 웬일이야!'

세오녀가 정신을 차렸을 때는 육지가 까마득히 멀어져 있어서 어떻게 해 볼 도리가 없었다.

그 바위가 흘러가 멎은 곳은 바로 연오랑이 닿은 섬나라였다. 세오녀는 어찌할 바를 몰라 가만히 있었다. 이 때, 한 노파가

"어디서 오신 누구십니까?"

하고 소리쳐 물었다.

세오녀는 손짓으로 말했다. 먼 곳을 가리켰다. 노파가 보기에 그 곳은 하늘나라였다.

"하이고, 하늘나라에서 내려와 바위를 타고 오셨구료!"

연오랑도 그렇게 바위를 타고 하늘에서 내려온 사람이라는 것을 믿는 섬 사람들이었다.

노파는 이 사실을 곧 영감에게 알리고, 마을 촌장 노인이 달려와서 세오녀를 맞았다. 노인이 말했다.

"전번에는 하늘에서 내려오신 분을 저희 왕으로 모셨습니다. 이번에는 여자분이 오셨으니, 우리 왕께서 알아보실 겁니다."

노인은 세오녀를 궁궐로 안내했다.

이 날도 연오랑은 아내 생각이 나서 남몰래 궁궐 밖으로 나와서 눈물을 흘리고 있었다. 그러던 중 아내가 나타났으니…….

"세오녀!"

연오랑은 신발이 벗겨지는 것도 모르고 달려가 아내를 껴안았다. 바닷가에서 세오녀를 안내해 온 사람들이 수군거렸다.

"역시 하늘에서 내려온 사람이라 척 알아보시는군."

사람들은 경사가 났다고 만세를 불렀다.

궁궐로 들어간 연오랑은 그 동안의 일을 아내에게 말했다.

"하면, 제가 타고 온 그 바위를 타고 당신이 먼저 온 것이군요?"

"그렇소. 이 곳 사람들은 내가 하늘에서 내려온 사람이라고 하여 왕

으로 모셨소. 그러니 당신은 이제 왕비가 되는 거요."

세오녀는 마치 꿈을 꾸는 것 같았다.

그리하여 연오랑은 세오녀를 만나서 섬나라를 더욱 잘 다스렸다.

이 무렵, 신라에서는 큰 변란이 일어났다.

"해와 달이 없어졌다!"

때문에 온 나라가 어둠에 휩싸여 버렸던 것이다. 임금은 어서 일관*을 불러 오라고 신하들에게 명령했다.

곧 일관이 불려왔다.

"어찌하여 이 나라에 해와 달이 뜨지 않는 거지?"

임금이 묻자 일관이 대답했다.

"우리 신라에 있던 해와 달의 정기가 다른 데로 옮겨갔기 때문이옵니다."

"어디로?"

"섬나라 일본국으로 갔사옵니다."

"해와 달의 정기란 누구란 말인가?"

"바닷가에 살던 연오랑과 세오녀입니다."

임금은 이 말을 듣고 즉시 일본으로 사신을 파견했다. 일본으로 건너간 사신은 그 나라 왕인 연오랑을 만났다.

"무슨 일로 나를 찾아왔느냐?"

연오랑이 사신에게 물었다.

"신라는 지금 어둠 속에 묻혀 있습니다. 해와 달이 뜨지 않아서요. 일관의 말을 들어보니, 그것은 해와 달의 정기인 연오랑과 세오녀가 일본으로 건너갔기 때문이랍니다."

"흠, 그런가?"

---

* 일관(日官) 일기와 천문 즉, 해와 달과 별을 살펴서 나라 운세를 알아내는 관리.

"하오니, 어서 두 분께서 신라로 돌아가셔야겠습니다. 임금께서 꼭 모셔오라고 분부하셨습니다."

연오랑은 난처했다.

'본국의 변란을 모르는 척할 수가 없고, 그렇다고 이 곳을 헌신짝처럼 버리고 돌아갈 수도 없고……'

이 고민을 연오랑이 세오녀에게 말했다.

"세상에 그런 일도 다 있습니까?"

"이 일을 어찌하면 좋겠소?"

세오녀는 곰곰 생각한 다음 이렇게 결론을 내렸다.

"우리가 여기에 온 것은 하늘의 뜻에 따른 것 아닙니까?"

그러니 섬나라를 버리고 본국으로 돌아간다는 것은 순리에 어긋난 일이라는 것이었다. 세오녀가 말을 이었다.

"제가 정성을 기울여 짠 비단이 있으니, 그것을 사신이 가져가게 해서 하늘에 제사를 지내도록 해 보십시오."

연오랑은 그렇게 하기로 작정했다.

"두 분을 데려가지 못하면 소인은 죽습니다……"

사신이 애원하자, 연오랑이 말했다.

"세오녀가 온 정성을 기울여 짠 비단을 줄 테니, 제단에 바쳐 하늘에 제사를 드려보오."

"그러면 해와 달을 찾을 수 있습니까?"

"정성이 하늘에 뻗치면 그리 될 것이오."

사신은 세오녀가 짠 비단을 가지고 신라로 돌아와 임금에게 설명했다. 임금은 하늘에 제사를 지낼 준비를 시켰다.

온 정성을 기울여서 세오녀가 짠 비단을 하늘에 바쳐 제사를 지내자, 신기하게도 해와 달의 빛을 되찾을 수가 있었다.

"오, 고마운지고!"

세오녀가 짠 비단은 국보로 궁궐에 보관토록 했다. 그 보물 곳간을 귀비고(貴妃庫)라 하고, 하늘에 제사지낸 곳을 영일현(또는 도기야)이라 불렀다.

경주 김씨의 시조인 김알지 탄생 설화가 깃든 계림

미추왕의 혼령

김알지의 7대손 미추는 지혜가 뛰어났으며, 점해왕의 뒤를 이어 신라 제13대 왕이 되었다. 미추왕(이사금)은 재위 23년 만에 세상을 떠났다. 뒤이어 제14대 임금으로는 유리왕이 즉위했다.

"적이 쳐들어옵니다!"

신하가 급히 유리왕에게 보고했다.

경북의 청도군에 있던 작은 나라인 이서국 군사들이 금성(金城 ; 신라의 서울로서 지금의 경주)을 침입해 온 것이다.

신라군은 적을 맞아 용감하게 싸웠다.

"우리에게 힘이 부족하구나."

유리왕은 어찌할 바를 몰랐다.

"이상한 군사들이 나타나 우리를 돕기 시작했습니다!"

이런 보고가 날아들었다.

자세히 보니, 그 군사들은 귀에 대나무 이파리를 꽂고 있었다. 그들이 나타나 힘이 약한 신라군을 도와 싸우는 것이었다.

"저 군사들에게는 도저히 당해 내지 못하겠다."

"후퇴……."

이서국 군사들은 마침내 물러가고 말았다.

그러자 귀에 대나무 이파리를 꽂은 이상한 군사들도 어디론지 사라지고 없었다.

"어디서 온 군사들일까?"

신라군은 자기네를 도와 준 그 군사들이 궁금해서 견딜 수가 없었다. 다만, 그들이 사라진 미추왕릉 앞에 대나무 이파리만 수북이 쌓여 있던 것이다.

"아, 알았다! 미추왕의 혼령이 도와 준 죽엽군이었어."

사람들은 그 뒤부터 미추왕릉을 '죽현릉(竹現陵)' 이라 불렀다. 대나무 이파리가 군사로 변해 나타난 능이라는 뜻이다.

신라 제36대 혜공왕 때에도 그 이상한 군사들이 나타났다. 즉, 서기 779년에 김유신 장군의 무덤에서 장군과 40여 명의 병사들이 나타나더니 죽현릉으로 사라졌다. 그런 다음, 능 속에서 이런 말 소리가 들려왔다.

"신은 평생을 나라를 위해 일하고 통일의 위업을 세웠습니다. 죽어서 혼령이 된 지금에도 그 정신은 변함이 없습니다. 한데도, 신의 자손이 저번에 죄도 없이 죽는 일이 발생했으니, 이것은 내 공을 몰라주기 때문입니다. 그렇다면 신은 다른 데로 떠나버릴 것입니다."

이것은 김유신이 미추왕에게 고하는 말이었다. 미추왕의 혼령은 김유신의 혼령 말을 듣고 깜짝 놀라서 이렇게 달래었다.

"공과 내가 이 나라를 죽어서도 돌보지 않는다면 어찌되겠소? 불쌍한 백성들을 위해서라도 참으시오."

"아닙니다! 대왕께서 신이 다른 데로 떠나는 것을 허락해 주십시오."

"안 되오."

"떠나게 해 주십시오."

"안 된다니까!"

김유신 장군의 혼령은 군사들을 이끌고 죽현릉을 떠나버렸다. 이와 같은 사실을 안 혜공왕은 소스라칠 듯이 놀라서 공신인 김경신을 불렀다.

"김유신 장군 묘소를 찾아가 사과를 드리시오. 아울러 장군을 위해 공덕보전 30결을 추선사에 내려 명복을 비시오."

공덕보전은 나라에서 좋은 일을 한 사람에게 내리는 논밭이며, 결은 그 논밭의 단위였다. 또, 추선사는 김유신 장군이 평양을 함락한 공을 기리기 위해 지은 절이었다.

이처럼 미추왕은 죽어서까지 나라를 위해 힘썼다고 한다.

두 왕자를 구출한 충신 박제상

– 여기에서 이야기하는 박제상은 〈삼국사기〉에 기록된 '박제상'과 동일 인물이다. 하지만 왜 성이 두 책에 다르게 기록되었는지는 역사적인 사실이 확실치 않다. –

서기 391년, 신라 제17대 내물왕 때의 일이다.

섬나라 왜왕이 사신을 보내었는데, 겉으로는 화친을 위하는 것이라 하지만 속셈은 인질 요구였다. 두 나라 사이의 친교를 위해 왕족을 상대방의 나라에 보내는 일이었다.

왜왕의 사신이 와서 말했다.

"저희 왕께서 신라 왕의 인품이 뛰어난 점을 아시고, 백제의 죄상을 고하라 하셨습니다. 그러니 대왕께서 왕자 한 분을 저희 나라에 보내시어 우리 왕께 성의를 베푸십시오."

내물왕은 왜나라(일본)에서 인질을 요구한다는 것을 알았지만, 두 나라 간의 평화를 위해 딱 잘라서 거절을 할 수 없는 형편이었다.

"하면, 어리지만 셋째 아들을 보내리다."

이리하여 내물왕은 왜나라에 미해(미사흔)를 보내기로 했다. 미해 왕자는 열세 살밖에 안 되었다.

"어린 왕자를 데리고 가서 잘 보살피오."

신하 박사람을 부사로 삼아 미해 왕자를 데리고 왜나라로 떠나라고 했다. 물론, 어린 왕자를 타국으로 떠나 보내는 왕의 마음은 찢어질 듯이 아팠으나 내색하지는 않았다.

"왕자야, 왜나라에 가거든 부디 그 곳 문물을 잘 배워 두어라."

"네, 아버님. 소자, 필히 왜나라의 발달된 문화를 꼭 많이 배워 오겠습니다."

어린 왕자지만, 미해는 의젓하게 내물왕에게 하직 인사를 올리고 부사를 따라 나섰다.

언제 귀국할지 기약도 없는 볼모가 된 것이다. 왜나라 왕은 미해 왕자를 잡아 둔 채 무려 30년이 지났음에도 돌려보내지 않았다.

내물왕의 뒤를 이어 태자인 눌지가 신라 제19대 임금이 되었다. 눌지왕 3년, 고구려의 장수왕이 사신을 보내어 다음과 같이 요구했다.

"보해(복호) 왕자가 재주가 뛰어나다 하여, 저희 왕께서 보고 싶어하시니 보내 주시기 바랍니다."

보해 왕자는 왕의 아우였다.

이 무렵 신라는 힘히 약했다. 눌지왕이 왕위에 오를 때도 고구려인의 도움을 받은 터였으므로 모르는 척할 수가 없었다.

신라는 이런 장수왕의 요청을 받고 울며 겨자 먹기 식으로 보해 왕자를 고구려로 보냈다. 김무알이라는 신하가 보해 왕자를 모시고 가서 돌보아 주기로 했다.

세월은 흘러서 보해 왕자가 고구려로 볼모가 되어 떠난 지도 어언 8년이 지났다. 신라에서는 보해 왕자가 돌아오기를 손꼽아 기다렸으나, 고구려에서는 보낼 기미가 없었다.

신라의 눌지왕은 두 아우가 보고 싶어 견딜 수가 없었으나, 겉으로는 어쩌지 못하고 마음 속으로만 벙어리 냉가슴 앓듯 했다.

'왜국으로 간 미해 왕자는 어떻게 지낼까? 많이 자랐겠지? 재주가 뛰어난 보해 왕자는 고구려로 가서 어찌 지낼까?'

달 밝은 밤이면, 눌지왕은 궁궐 뜰을 홀로 거닐며 남몰래 눈물을 흘리곤 했다.

'저 달을 보고 두 왕자도 내 생각을 하고 있겠지? 어떻게 해야 아우들을 데려올 수 있을까?'

두 아우를 그리워하는 눌지왕의 마음은 날이 갈수록 깊어졌다.

그러던 어느 날, 한 신하가 눌지왕에게

"대왕께옵서 요즈음 심기가 불편하신 것 같습니다."

하고 말했다.

"아니오! 국사를 생각하느라고……."

눌지왕은 아우들을 그리워하는 속마음을 들키지 않으려고 시치미를 떼었다. 그렇지만 그 신하는 왕이 무슨 근심이 있음을 눈치채고 이렇게 권했다.

"한 번 큰 잔치를 베푸시옵소서. 그리하면 웬만한 근심 걱정은 눈 녹 듯이 사라집니다."

"오, 그거 좋은 생각이오!"

이리하여 오랜만에 궁궐에서 큰 잔치가 열렸다.

신하들은 물론, 장안의 부호와 이름난 선비들이 이 잔치에 초대되었다. 눌지왕은 잔치가 시작될 때 그들에게 한 마디 인사말을 했다.

"오늘은 마음껏 잡수시고 즐기십시오! 그리고 모두 마음을 비우고 허심탄회하게 이야기합시다."

초대받은 손님들은 술과 음식과 풍악을 즐기며 웃고 떠들며 이야기했다. 모두 거리낌없이 대화를 했다.

잔치가 무르익어 가자, 왕도 술이 거나하게 취하여 축제 분위기에 휩싸였다. 한데, 별안간 눌지왕이 벌떡 일어나는 게 아닌가. 그것은 누군가가 이런 말을 했기 때문이다.

"왜나라로 간 미해 왕자와 고구려로 간 보해 왕자는 대체 언제 돌아온단 말인가?"

두 아우에 대한 시름을 잊고 잔치를 벌이려고 했던 왕에게 그 말은 가슴을 도려내는 비수를 꽂는 언사나 다름없었다.

눌지왕은 자리에서 피할 새도 없이 눈물을 주르르 흘리고 말았다. 좌중은 찬물을 끼얹은 듯 조용해졌다.

"소인의 주둥이가 술김에 실언을 범했습니다! 벌을 내려 주십시오."

미해 왕자와 보해 왕자 이야기를 한 사람이 왕 앞에 엎드려서 사죄를 했다. 그렇지만 눌지왕은,

"아니오, 말 잘했소. 이 자리는 허심탄회한 자리라고 말했잖소?"

하고 너그러운 태도를 취했다. 뿐만 아니라, 눌지왕은 다시 자리에 정좌를 하고 서슴없이 미해 왕자와 보해 왕자에 관해 입을 열었다.

"미해 왕자를 왜국으로 보낸 것은 아버님(내물왕)이 이 나라 백성들을 평화롭게 지내게 하기 위한 배려였소. 아버님께서는 살아 생전에 미해 왕자를 보시지 못하리라고는 생각지 못하신 거요. 여러분도 알다시피 아버님이 세상을 뜨신 뒤에도 강대국들은 끊임없는 전쟁을 벌였소. 고구려도 강대해져서 장수왕의 청을 거절치 못하고, 나도 보해 왕자를 볼모로 보냈던 것이오."

잠시 말을 끊은 왕은 눈물이 나온 것을 닦고 다시 이었다.

"보해 왕자가 이 나라를 떠난 지도 어언 십여 년이 되는구려. 미해 왕자와 보해 왕자를 생각하면 자다가도 눈물이 나온다오. 왜나라와 고구려를 어찌 탓하겠소? 국력이 미약하니 운명으로 여길 수밖에……. 내 소원은 오로지 두 아우를 만나는 일이오. 이루어질 수 없는 소원이지요."

이 때 누군가가 외쳤다.

"대왕마마! 그것은 이루어질 수 있는 소원이옵니다."

왕은 소리친 사람에게 눈길을 돌렸다.

"이루어질 수 있는 소원이라니, 도무지 꿈 속 같구려."

"충성스럽고, 용감하고, 지혜로운 충신을 고르면 반드시 해결될 일인가 합니다."

"어디, 그렇게 마땅한 충신이 있을까?"

"저희가 이마를 맞대고 그런 충신을 한번 생각해 보겠습니다."

잠시 시간이 주어졌다.

'왕자를 구해 올 충신이 과연 나타날까?'

왕은 가슴이 설레었다.

이윽고, '임금의 소원이 이루어질 것이다.'고 말한 사람이,

"있습니다!"

하고 외쳤다.

"말해 보오."

"삽라군의 태수 박제상이란 사람이 지혜롭기로 이름나 있습니다. 그를 불러서 맡기시면 왕자님을 구출해 올 것입니다."

삽라군이란 지금의 경상남도 양산군을 일컫는다. 왕은 귀가 번쩍 띄었다.

"하면, 박제상을 당장 궁궐로 불러들이게!"

눌지왕의 말은 기쁨으로 떨렸다.

대단한 인물로 평이 난 박제상이 얼마 뒤에 궁궐로 불려왔다. 박제상은 임금 앞에 나아가 절을 올리는 예를 갖춘 다음, 불려온 까닭을 여쭈었다.

"어찌하여 비천한 저를 불러주시옵니까?"

"오, 자네가 박제상이오? 믿음직스럽소."

왕은 박제상의 눈빛을 보고 매우 흡족했다. 체격은 우람하지 못하지만, 그의 눈빛은 눈동자를 움직일 때마다 번뜩였던 것이다.

왕은 두 왕자에 관한 사정을 박제상에게 들려주고 나서,

"내 아우들을 구출해 올 수 있겠소?"

하고 물었다.

"비록 재주는 없사오나, 두 왕자님을 필히 구출할 수 있습니다!"

박제상은 단호하게 대답했다.

"오, 이제야 대충신을 만나게 되었소."

눌지왕은 너무나 기쁜 나머지 박제상의 두 손을 덥석 잡고 흔들었다. 이어, 박제상에게 손수 술잔을 내렸다.

"부디 성공해서 내 근심 걱정을 풀어주기 바라오."

"제 목숨을 내놓고 두 왕자님을 꼭 모셔오겠습니다."

"배라든지, 필요한 것이 있으면 말하시오."

이렇게 하여 박제상은 구체적인 의논을 한 다음, 날짜를 정해서 고구려로 향하는 배를 띄워 탔다.

'고구려의 군사들이 국경에 겹겹이 에워싸고 있구나.'

바닷가에 내린 박제상은 고구려 상인으로 변장을 하고 저자(시장)로 숨어들었다. 등짐 속에는 값나가는 금붙이가 많이 들어 있어서 숙식을 하는 데는 어려움이 없었다.

"저, 신라에서 온 왕자는 어디에 있답디까?"

박제상은 금붙이 하나를 병사에게 주고 보해 왕자가 머무는 곳을 알아냈다. 고구려 궁성으로 들어가서 보해 왕자를 만나볼 수 있도록 계략을 썼다. 소개인을 매수한 것이다.

보해 왕자의 소재를 파악한 뒤여서 소개인을 매수하기란 식은 죽 먹기였다. 마침 숙소를 드나드는 하인을 사귀어 돈을 두둑히 주었다.

"숙소 경비가 엄중합니다."

"그러니 고구려 경비 군사 몇 명에게도 손을 쓰면 되지 않겠소? 돈은 나중에 일이 잘 되었을 때 열 배를 더 주겠소."

"열 배나요?"

소개인은 눈이 휘둥그레져서 적극 주선해 주기로 약속했다. 박제상은 숙식 집을 정해 놓고 소개인과 접촉하기 시작했다.

'일이 잘 되는구나. 소개인의 아우가 미해 왕자를 경비하는 책임자이니까 걱정할 것 없어.'

박제상은 좋은 기별이 오기만을 학수고대했다.

사흘 가량 지나자, 달빛 속에서 소개인이 싱글벙글하며 나타났다. 박제상은 희소식이 있음을 직감하고 그를 반가이 맞았다.

"저하고 가시지요. 왕자님을 직접 뵐 수 있게 해 드리겠습니다."

"고맙소!"

박제상은 왕자가 묵고 있는 궁성 부근의 뒷동산으로 따라갔다. 숙식집에서 멀지 않은 곳이었다.

뒷동산에는 달 그림자도 없는 나무숲 속이었다.

"저기, 내 아우하고 달구경하러 나온 핑계를 대고 나와 계십니다."

경비 책임자의 창날만 번뜩이는 게 보였다. 소개인이 새소리를 내어 신호를 하자 저 쪽에서도 기침 소리로 응답을 했다.

박제상은 소개인보다 빠른 걸음으로 왕자 앞으로 달려가 무릎을 꿇었다.

"신라에서 왔다고?"

보해 왕자가 떨리는 음성으로 물었다.

"그러하옵니다, 왕자님! 저는 눌지왕의 신하 박제상입니다."

박제상은 목소리를 낮추어 소곤거렸다. 왕자는 믿어지지 않는다는 듯 박제상을 바라보았다. 간간이 달빛이 두 사람의 얼굴을 비추어 주었다.

"왕자님, 눌지왕께서 저에게 전하라고 써 주신 서찰(편지)이 여기 있습니다."

박제상은 품 속에서 그것을 꺼내어 건네었다. 왕자는 서찰을 받아 달빛에 비추어 대강 읽어보고 나서야 신라에서 자기를 구출하러 신하가 왔음을 확신했다.

"아버님은 돌아가시고……."

왕자는 눈물을 흘렸다.

"왕자님, 여기서 오래 지체할 수 없습니다. 고구려 궁성을 빠져나와 신라로 돌아갈 계책만 간단히 말씀드리겠습니다."

박제상은 앞으로 며칠 남지 않은 4월 보름날 저녁에 고성 부둣가에 배를 대어놓겠으니, 소개인의 아우인 경비 책임자를 따라나오라는 전갈을 해 두었다. 모든 것은 소개인이 다 알아서 전달할 것이라고 귀띔했다.

"알았네. 목숨을 걸고라도 신라로 돌아가야지."

보해 왕자는 박제상의 어깨를 툭 치고 발길을 돌렸다. 먼발치에 서 있던 소개인과 경비 책임자가 다가와서 왕자를 데려갔다.

'오, 하늘의 도우심이 계시는구나.'

박제상은 감격했다. 일이 이렇게 순조롭게 잘 되리라고는 떠날 때 미처 생각지 못했던 것이다.

한편, 보해 왕자는 고구려 궁성을 탈출할 날짜가 다가오자 돌연히 아프다는 핑계를 대고 누워 지냈다. 때문에 아무도 그를 의심하지 않았다. 소개인이 간병을 맡아 주어서 초조하지도 않았다.

탈출 날짜가 다음 날로 다가왔을 때 장수왕이 신하를 보내어 보해 왕자의 병문안을 했다.

"대왕께서 몸조리 잘 하라십니다."

고구려 신하가 왕의 말을 전했다.

"고맙소."

"심한 병은 아니니, 다 나으실 때까지 조정에 나오시지 않아도 괜찮답니다. 그럼 소신은 물러갑니다."

신하가 물러가자 보해 왕자는 도둑이 제발 저리다는 말처럼 불안했다. 소개인은 괜찮다고 했으나, 왕자는 '혹시 이상한 기미를 눈치채고 왕이 신하를 보내어 알아보라고 한 것이 아니냐'고 물었다.

"제 아우가 왕자님의 생활 기록을 철저히 해서 조정에 갖다 바치니 안심하십시오. 아파 누워 지낸다는 보고서를 읽고 의례적으로 신하를 보낸 것입니다."

왕자는 간병 책임자인 소개인의 말을 듣고 비로소 마음을 놓았다. 소개인은 밤이 되자 박제상의 숙식 집으로 달려갔다. 박제상은 가지고 온 짐을 몽땅 풀었다.

"아우님에게 내일 믿을 만한 부하들을 데리고 부둣가로 나오라고 하시오. 부하들에게도 드릴 보물을 내놓겠소."

소개인은 박제상이 풀어놓은 보석을 보고 입이 함박만해졌다.

"신라에는 보옥이 진진하다는 말이 사실이군요?"

"왕자님만 무사히 데려가면, 다시 한 번 이것보다 더 많은 것을 가지고 또 오겠습니다. 저를 믿으시지요?"

"믿고말고요! 나중에 열 배를 주신다더니 백 배나 더 주셨으니……. 그럼, 내 아우 부하들에게도 골고루 후히 나누도록 하겠습니다."

소개인이 보물 보따리를 챙겼다.

"만일, 내일 약속을 어기면 당신과 당신 아우의 행위가 조정에 탄로나는 거 잊지 마십시오."

"염려 마시오! 우리 고구려 사람들의 신의도 신라 사람 못지 않습니다."

두 사람은 굳은 약속을 하고 헤어졌다.

드디어 날이 밝아서 탈출 계획 일이 되었다. 저녁때 달이 뜰 무렵에 부둣가에서 왕자와 만날 생각을 하니 박제상은 가슴이 두근거렸다.

낮에 한 차례 소개인이 찾아와 주었다.

"왕자님은 지금도 꾀병으로 누워 계십니다. 저녁때 산보나 시켜 드린다는 구실을 붙여서 내 아우가 병졸 몇 명과 함께 동산으로 올라가서 고개만 넘으면 됩니다."

"잘 알았습니다!"

"배는 고래도 잡은 아주 튼튼한 것으로 마련해 놓았습니다. 사공은 믿을 만한 내 친척입니다."

"고맙습니다. 그럼, 이따 저녁때……."

박제상은 소개인을 따라가며 넌지시 속삭였다.

"이따가 왕자님을 배에 태워 주실 때 아주 귀한 보물 하나도 슬쩍 손에 쥐어 드리겠습니다. 이것입니다. 이것만 가지면 신라에 오셔서 궁궐을 마음대로 출입하실 수 있습니다."

박제상은 용이 새겨진 납작한 금붙이를 보여 주고 품 속에 간직했다. 떠날 때 눌지왕이 준 특별 선물이었다. 박제상은 그것마저도 주어가며 일을 성사시키려고 노력했던 것이다.

드디어 저녁때가 가까워지기 시작했다.

'부둣가로 나가야지!'

미리 나가서 배부터 보아 두어야 했기 때문이다. 가 보니, 배 한 척이 고기 잡아온 것을 내리고 있었다.

"내가 박제상이오."

사공은 이 말을 듣고 빙그레 웃었다. 알고 있다는 뜻이었다.

"오늘도 고기잡이를 하셨소?"

"아니오. 그런 척할 뿐입니다. 저기 저 배 구석에 가 계십시오. 일행은 해가 지고 달이 떠야 오겠지만요."

달이 대낮같이 떠올랐을 때 말발굽 소리와 함께 드디어 보해 왕자와 소개인이 부둣가에 나타났다. 박제상이 배에서 튀어나가 두 사람을 맞았다.

"큰일났소! 군사들이 알고 뒤쫓고 있으니 어서 배를 띄우시오."

소개인은 보해 왕자를 배에 태우고 박제상이 마지막으로 준 보물을 받아가지고 어디론가 숨어 버렸다. 과연 성난 파도가 휘몰아치듯이 군사들이 말을 몰아왔다.

"이놈들, 어디로 도망가느냐?"

군사들이 바로 머리 위의 산등성이에서 소리쳤다. 사공은 얼른 배를 띄웠다.

"퓨웅퓨웅……."

화살이 마구 날아왔다.

"흐억."

박제상이 등에 화살을 맞았다.

"아악."

사공도 화살을 맞았다. 보해 왕자만이 구석에 납작 엎드려서 화살을 피했을 뿐이다. 이어, 박제상은 등에 맞은 화살을 주워 보고 나서야 껄껄 웃었다. 촉이 없는 화살이었다.

'음, 경비 책임자와 그 부하들이 뒤쫓는 척하면서 촉이 없는 화살을 날리는구나. 잘 가라는 신호지.'

박제상은 사공을 재촉해서 배의 속력을 빠르게 했다.

군사들이 뒤쫓아 화살을 날리는 계략은 소개인과 그의 아우 경비 책임자가 짜낸 것이었다. 신라 왕자가 탈출했음을 뒤늦게 알리고 추격하는 척했던 것이다. 그래야 자기들의 책임도 모면하기 때문이었다.

배 안에 화살이 비 오듯 쏟아졌으나, 모두 촉이 없는 것들이었다.

사공은 열심히 노를 저어 배를 남쪽으로 항진시켰다. 달빛이 물길을 환히 비추었다.

마침내 박제상은 보해 왕자를 무사히 구출해서 신라로 돌아왔다. 눌지왕은 왕자를 보자 기뻐 어찌할 바를 몰랐다.

"아우가 돌아오다니……."

"형님, 저도 신라로 돌아오지 못하고 고구려에서 죽는 줄 알았습니다."

형제는 얼싸안고 서로 얼굴을 매만졌다.

물론, 눌지왕은 박제상에게 극진하게 고마움을 표시했다. 이런 말도 했다.

"이 때 미해 왕자가 있었으면 얼마나 좋을까? 보해를 보니, 미해 생각이 더욱 간절해지는구나."

왕이 보해 왕자를 만나보더니, 이번에는 미해 왕자 생각으로 눈물을 흘리자 박제상은 정신이 번쩍 났다.

'어서 서둘러 왜나라에 있는 미해 왕자도 구출해 와야지!'

박제상이 눌지왕에게 말했다.

"대왕님, 다음에는 왜나라로 가서 미해 왕자도 꼭 구출해 오겠으니, 상심치 마십시오. 곧 떠나겠습니다."

이 말을 들은 왕은 깜짝 놀랐다.

"가더라도 집에 가서 푹 쉬시고 난 다음, 천천히 가시오."

"쉴 틈이 없습니다!"

박제상은 궁궐을 빠져나왔다.

아내는 남편이 고구려에 가서 보해 왕자를 구출하여 귀국했다는 말을 듣고 집에 오기만을 목이 빠지도록 기다렸다. 그렇지만 박제상은 집에도 들르지 않고 곧장 율포 바닷가로 직행해 버렸다.

'이이가 혹시…….'

곧장 왜나라로 갈지 모른다는 생각이 들자, 아내는 바닷가로 달려갔다. 아니나 다를까, 남편이 배를 타려고 하고 있었다.

"여보……. 집에도 들르기 않고 어딜 가시는 거예요?"

아내의 목소리가 들려왔으나, 박제상은 이미 배를 타고 나아가고 있었다.

"여보, 잠깐만이라도 내리세요……."

박제상은 아내의 말을 듣지 않았다.

'배에서 내리면 나의 결심이 흔들린다! 뒤도 돌아다보지 말아야지.'

이렇게 하여 아내는 배를 타고 멀어져 가는 남편의 뒷모습만 바라보며 울부짖었다.

"여보……. 손이라도 흔들어 주지 않고……."

매정하게 떠나가는 남편이 원망스럽기 짝이 없었으나, 나랏일이므로 어쩌지 못했다. 바닷가 모래사장에 주저앉아 울기만 했다.

이것이 두 부부의 영원한 이별이 될 줄이야! 아마도 그럴 줄 알았다면 박제상은 아내를 만나 보았을 것이다.

박제상은 배를 타고 왜나라에 닿을 때까지 아내를 만나 주지 않은 것이 가슴이 아팠으나, 미해 왕자를 구출할 계획을 세우느라고 더 이상 그 생각에 매일 수가 없었다.

'어떻게 해야 미해 왕자에게 접근할 수 있을까?'

섬나라 부두에 닿아 육지에 내린 박제상은 우선 이 나라의 신하의 집을 찾아갔다. 왜나라 신하는 옷차림이 신라 사람인 것을 보고 의심스런 표정을 지었다.

"왜 나를 찾아왔소이까? 우리 나라 사람이 아닌 것 같은데……."

박제상은 꾸며서 그럴 듯하게 설명했다.

"나는 신라 사람이오. 궁궐에서 반역 행위를 저질렀다고 온 가족이 몰살을 당하게 되었습니다. 신라왕은 아버지와 형들을 죽이고, 나마저도 잡아들이라고 해서 배를 타고 귀국으로 도망쳐 왔습니다. 아마 내 아내와 자식들은 지금쯤 붙잡혀서 죽임을 당했을 거요."

사신은 눈물을 줄줄 흘리며 말하는 박제상의 말을 곧이들었다.

"일이 매우 딱하게 되었군."

"하오니, 나를 당신네 나라의 마구간에서 일하게 해 주시오. 말을 잘 기르를 자신이 있소."

"신라 궁궐 말지기였군."

"말도 잘 타고, 사냥도 잘 하고, 고기도 잘 잡소. 당신네 궁궐에서 일하게 해 준다면 온갖 짐승이나 고기를 잡아다가 드리겠소."

"우리 왕은 사냥꾼이라면 환영하오."

사신은 궁궐로 가서 자기네 왕에게 박제상 이야기를 했다. 왜왕은 즉시 신라인을 불러오라고 했다.

박제상은 어렵지 않게 왜왕을 접견할 수 있었다.

"그대를 궁 안에 거처를 정해 주면, 매일 짐승과 고기를 잡아다가 나에게 바치겠소?"

"그리하겠습니다!"

"궁 안에는 신라 왕자 한 사람도 기거를 하고 있으니, 자주 만나서 사냥도 가고 고기도 잡으시오."

왜왕의 말을 들은 박제상은 속으로 '옳지' 하고 좋아했다.

'내가 미해 왕자를 구출하러 온 줄은 모르는구나.'

박제상은 무조건 왜왕의 요구를 들어주겠다고 대답했다. 숙소도 정해졌으나, 될 수 있는 대로 미해 왕자와의 접근은 피했다. 나중에 얼마든지 자연스럽게 만날 수 있기 때문이었다.

왜왕의 신임을 얻기 위해 박제상은 날마다 사냥이나 고기잡이를 하러 나갔다. 잡은 짐승이나 고기는 왜왕에게 갖다 바쳤다. 왜왕은,

"하하하, 신라 사람들은 사냥도 잘 하는군."

하고 입이 헤 벌어지곤 했다.

그러던 어느 날, 박제상은 기회를 엿보다가 미해 왕자에게 접근했다. 왕자도 신라 사람이 궁궐에 와서 묵는다는 것을 알고 꼭 한 번 만나서 고국의 소식을 들으려고 했다. 두 사람은 목소리를 죽여 말했다.

"저는 왕자님을 구출하러 숨어든 신라의 신하 박제상입니다."

"그래요?"

왕자는 깜짝 놀랐다.

박제상은 미해 왕자를 눌지왕이 얼마나 보고 싶어하는지를 설명하고, 이미 고구려에 볼모로 잡혀간 보해 왕자부터 구출했음을 이야기했다. 미해 왕자는 박제상의 손을 꼭 잡고 애원했다.

"나도 꼭 고국으로 돌아가도록 해 주시오."

"쉿!"

"돈은 얼마든지 대 줄 터이니, 그것으로 배도 마련하고……."

"왕자님과는 자주 접촉하지 않겠습니다. 의심을 사면 안 되니까요."

"그러시오."

"일이 무르익어 갈 때 또 뵙겠습니다. 누구보다도 왜왕이 눈치 안 차리게 언행을 조심하십시오."

첫번째 만남은 이런 정도로 해 둔 박제상은 사냥이나 고기잡이를 계속하면서 탈출의 호기만을 노렸다.

바다에 안개가 자욱이 낀 새벽이 되었다.

'옳지! 아주 좋은 기회다.'

박제상에게는 이미 고기잡이를 핑계로 마련해 둔 좋은 배 한 척을 언제든지 출항할 수 있도록 마련해 놓았다. 그 곳의 바닷가도 한 치의 앞을 분간할 수 없을 정도로 안개가 자욱이 끼어 있었다.

박제상은 은밀히 미해 왕자를 찾아갔다.

"왕자님……."

"웬일로 이렇게 이른 새벽에 오셨소? 어서 들어오시오."

왕자는 박제상을 얼른 맞아들였다.

"지체할 수 없으니, 어서 바닷가로 나가십시오! 옷을 두껍게 입으시고요."

"아니, 그럼……."

"안개가 자욱이 끼어서 아주 좋은 기회입니다."

미해 왕자도 이미 어느 때든 탈출할 수 있게 미리 대비를 해 둔 터라 박제상의 뒤를 따라가기만 하면 되었다. 두 사람은 바닷가로 나갔다. 안개 때문에 아무에게도 들키지 않았다.

"배를 두 척씩이나 마련해 놓으셨구료?"

"저 튼튼한 배에 오르십시오. 저는 이 작은 배로 뒤따라갈 테니까 요."

"함께 가는 게 아니오?"

"만일, 왜나라 군사들이 쫓아오면 저는 가로막아 붙잡히겠습니다. 그러니, 왕자님께서는 먼저 도주하십시오."

"과연 신라의 충신답소!"

"왜나라에 와 있는 사람이 왕자님을 모실 것입니다."

박제상은 이미 신라인인 강구려에게 연락을 취해 놓고 있었다. 그가 나타나 왕자가 탄 배에 올랐다.

왕자는 자신을 구출하고 뒤에 붙잡히면 사형을 당하게 되는데도 박제상이 그런 계획을 세운 것이 눈물이 핑 돌도록 고마웠다. 미해 왕자가 강구려와 배를 타고 바다로 나아가자, 박제상은 배를 추적하는 자가 있나 없나 살폈다.

그 때 순찰을 돌던 왜병이,

"거기서 무엇하는 거야?"

하고 박제상에게 으르대었다.

"무엇하긴……. 당신네 왕이 싱싱한 고기를 잡아오라고 해서 배를 타고 바다로 나아가려는 거야."

박제상은 배에 실은 그물을 쳐들어 보였다.

한데, 안개 속에서 미해 왕자가 탄 배가 나아가면서 삐걱거리는 소리가 들렸다. 왜병은 눈이 휘둥그레져서 다시 물었다.

"노 젓는 소리가 나는데, 저 소리는 무슨 배의 소리야? 안개가 끼어서 보이지 않는 저 배에 누가 탔느냐고?"

박제상은 가슴이 철렁했다.

'들켰구나!'

그렇지만 시치미를 떼고 말했다.

"고기잡이 나갔던 배가 돌아오는 소리요. 내 친구가 탄 배가 오는 소리란 말이오."

박제상은 기다려 보라고 했다.

아무리 기다려도 배가 나타나지 않자, 왜병은

"혹시 도망가는 배 아니오?"

하고 물었다.

"도망은 누가 도망가오?"

"모르니까 묻는 거지!"

"가만……."

박제상은 가만히 귀를 기울여보고 나서 둘러대었다.

"고기잡이 나간 내 친구 배가 돌아오는 소리인 줄 알았더니, 그게 아니라 이 앞을 지나가는 배인 모양이구료."

왜병은 박제상을 쏘아보다가 사라졌다. 그제야 박제상은 안도의 숨을 몰아쉬었다.

'까딱 잘못했으면 왕자께서 추격을 당하실 뻔했구나. 오, 하늘의 도우심이 계셨어.'

박제상은 더 이상 그 곳에서 머뭇거릴 수가 없었다. 왕자가 거처하는 궁궐 안으로 갔다.

"신라의 왕자님 못 보셨소?"

왜병들이 안에서 나오며 박제상에게 물었다.

"아마 사냥을 나가셨을 거요. 안개가 끼는 아침에는 산짐승들이 곧잘 먹을 것을 찾으러 내려오니까요."

"이상하다……. 왕자님이 혼자 사냥을 나간 적은 없는데……."

"혼자가 아니라, 신라 사람과 함께 간다고 했소."

"그 강구려라는 사람 말이오?"

"그렇소."

"오면, 우리 임금께서 찾으셨다고 전해 주오."

왜병들이 사라졌다.

얼마 뒤에 왜병들이 다시 찾아와서 박제상에게 물었다.

"당신은 왜 당신 숙소에 가 있지 않고 왕자 처소에 있는 거요?"

"오시면 임금께서 찾으신다는 말씀을 전하려고요. 그냥 갈까요?"

"아니오! 더 기다리시오."

점심때가 되자 또다시 왜병들이 찾아와서 낮잠을 자는 박제상을 깨워 물어 보았다.

"신라 왕자께서 여태 안 돌아오셨소?"

"보면 모르오?"

"우리 임금님이 당신이라도 데려오라고 하셨으니 어서 갑시다!"

박제상은 왜왕이 있는 곳으로 갔다. 왜왕이,

"신라 왕자가 수상쩍다. 어디 갔는가?"

하고 박제상에게 다그쳐 물었다.

박제상은 더 이상 숨길 필요가 없다고 생각했다. 새벽에 안개 낀 배를 타고 강구려와 함께 일본 해역을 멀찌감치 떠나 버렸을 것이기 때문이었다.

"왕자님은 본국으로 돌아가신 것 같소!"

"뭐라고? 하면, 네가 신라의 왕자를 빼돌렸지?"

"그렇소."

왜왕은 화가 머리끝까지 나서 박제상을 붙잡아 가두라고 하고, 군사들을 풀어 배로 왕자의 뒤를 쫓게 했다. 말을 탄 왜병들은 바닷가로 나가서 병선을 타고 나아갔으나 왕자가 탄 배를 발견하지 못했다.

결국, 박제상이 왜왕의 문초를 받게 되었다.

"너는 왕자를 빼돌려서 도망치게 하려고 우리 나라에 들어와 나를 감
언이설로 속였지?"

"그렇소."

"목숨이 두렵지도 않은가?"

"신라 임금님 신하 된 도리를 하러 왔는데, 이 한 목숨이 뭐가 그렇게 아깝겠소?"

왜왕은 얼굴이 붉으락푸르락해지더니, 잠시 무엇인가 생각하고 나서 다시 입을 열었다.

"신라인의 네 재주가 몹시 아깝도다. 해서, 한 번 묻겠다. 네가 신라의 신하라고 대답하면 네 목을 자르고, 이 나라의 신하라고 대답하면 벼슬과 재물을 내려 잘 살게 해 주겠다. 너는 대체 어느 나라의 신하냐?"

박제상은 고개를 쳐들고 똑똑히 대답했다.

"보다시피 나는 신라의 신하다!"

"무엇이?"

"나는 신라의 개나 돼지가 될망정 왜나라의 신하는 되고 싶지 않다!"

왜왕은 화가 나서 명령했다.

"저놈의 발바닥을 벗겨라! 그리하여 갈대를 벤 위를 걷는 형벌을 가하라."

왜병들이 박제상에게 몰려갔다. 박제상은 곧 발바닥이 벗겨져서 뾰족뾰족한 갈대 끝을 걸어서 피를 흘렸다.

피투성이가 되어 쓰러진 박제상에게 왜왕이 다시 질문을 던졌다.

"너는 어느 나라의 신하인가?"

"나는 숨이 넘어갈 때까지 신라의 신하다!"

왜왕은 다시 병사들에게 명령했다.

"뜨겁게 달군 철판을 대령하렷다!"

왜병들이 철판을 달구어 대령하자, 왜왕은 박제상을 그 위에 세우라고 명령했다. 박제상은 죽음을 각오한 터라 그래도 왜왕이 '어느 나라 신하냐'고 물어도,

"나는 죽어서도 신라의 신하다!"

하고 대답했다.

"지독하기 짝이 없는 놈이구나. 저 자를 화형에 처하라!"

왜병들은 박제상을 목도라는 섬에 끌고 가서 불태워 죽이고 말았다. 왜왕은 박제상을 처형한 뒤, 신하들에게 이렇게 말했다.

"신라의 왕이 부럽도다. 그토록 충직한 신하를 두었으니 말이야."

다른 왜인들도 박제상의 충성심에 탄복했다.

한편, 강구려와 배를 탄 미해 왕자는 무사히 신라로 돌아갔다. 눌지왕은 보해 왕자에 이어 미해 왕자마저 돌아오자 춤을 추며 기뻐했다.

"아우야, 어릴 때 보고 처음 보는구나. 30년 만에 말야."

"형님이 저를 잊지 아니하시고 이렇듯 고국 땅을 밟게 해 주시는 은혜가 바다보다 더 넓습니다."

두 사람은 서로 껴안고 떨어질 줄을 몰랐다.

그런 기쁨도 잠시뿐, 눌지왕이 미해 왕자에게 물었다.

"박제상은 어찌되었느냐?"

"저를 안전하게 보내려고 뒤따라오겠다고 했으나, 붙잡힌 게 틀림없습니다."

"붙잡히면 살아 돌아오기 어려울 텐데……."

눌지왕의 얼굴에 근심의 빛이 떠올랐다.

미해 왕자가 돌아오자, 궁궐에서 환영 잔치가 크게 열렸다. 눌지왕은 이 자리에 박제상의 아내도 초대했다.

"왕자와 함께 돌아왔다면 얼마나 좋았으리오."

왕은 박제상의 아내에게 '국대 부인'이라는 칭호를 내리고 딸 하나를 미해 왕자와 결혼시켰다.

박제상의 아내는 매일 치술령에 올라가 죽은지 모르는 남편을 기다렸다. 비가 오나 눈이 오나, 바람이 부나 매일 나가서 남편을 기다렸다.

'내 남편은 언젠가 꼭 돌아온다!'

이런 신념을 가졌던 것이다.

"어머니……."

저녁때 날이 저물면 세 딸이 찾아왔다.

"이러시다가 병환이 나시면 안 돼요."

딸들은 어머니를 모셔들이곤 했다.

"이젠 나가지 마세요."

그래도 어머니는 듣지 않았다.

"너희 아버지는 언젠가는 꼭 돌아오셔!"

날만 새면 어김없이 치술령으로 올라가 먼 바다를 바라보며 남편을 기다렸다. 배만 보여도,

"여보……."

하고 목이 터져라 하고 외쳤다.

"쯧쯧, 저렇게 남편을 지극 정성으로 기다리는 여인에게 하늘의 가호라도 있었으면……."

"안타까워서 못 보겠어요."

사람들은 이구동성으로 박제상의 아내를 동정했다.

그러던 어느 날, 딸들이 치술령으로 올라가 보고 어머니가 죽은 것을 발견했다.

"어머니……."

딸들은 통곡했다.

그 뒤, 사람들은 박제상의 아내가 치술령의 산신령이 되었다 하여, 그 고개 위에 사당을 지어 제사를 받들었다.

'거문고 갑을 활로 쏘아라'

신라 제21대 비처왕 때이다.

날씨가 좋은 날, 왕은 신하들과 함께 천천정이라는 정자가 있는 곳으로 나들이를 했다.

"이게 무슨 소리냐?"

정자를 둘러보던 왕이 신하들에게 물었다.

"까마귀 우는 소리입니다."

"그럼 좋지 못한 일이 일어나겠구나?"

왕은 기분이 좋지 않았다. 신하들도 까마귀 울음소리를 듣자 눈살을 찌푸리며 말했다.

"대왕님, 궁궐로 돌아가심이 좋을 듯합니다."

"찬바람을 쐬시오면 해롭습니다."

모두 이렇게 말하자 왕은 돌아갈 채비를 시켰다. 그 때 쥐 한 마리가 쪼르르 달려오더니, 왕의 신발 위로 올라갔다. 왕은 기겁을 해서 발을 굴러 쥐를 떨쳐내려고 했다.

그러니까 쥐가 왕에게 이렇게 말했다.

"임금님께 급히 전해 드릴 말씀이 있어서 무엄하게 기어올랐습니다."

"쥐가 말을 하다니……. 그래, 무슨 일이냐?"

왕은 발을 구르지 않고 가만히 귀를 기울였다.

"군사들에게 방금 운 까마귀의 뒤를 쫓아가게 하세요."

"왜?"

"하면, 어떤 신변의 일을 아실 수 있습니다."

쥐는 말을 마치자 어디론지 사라져 버렸다. 왕은 쥐의 말을 듣고, 군사들에게 명령했다.

"까마귀가 가는 곳을 따라가 보아라."

군사들은 왕명을 받들어 까마귀가 날아가는 곳을 말을 타고 달려가 남쪽 피촌에 이르렀다.

그 때 마을에서 돼지 두 마리가 싸우고 있는 광경을 보았다. 돼지 두 마리는 주둥이를 들이대고 꿀꿀거렸다. 군사들은 돼지 싸움을 구경하고, 사람들도 모여들었다.

모두 진기한 구경거리가 생긴 듯 바라보았다.

"돼지들도 엄청나게 싸우는군."

"조금도 양보하지 않고 서로 상대를 마구 몰아붙이네."

군사들도 신기해서 웃고 떠들었다. 나중에는 주인이 나타나서 돼지들을 몰고 가 버렸다.

"아뿔싸!"

군사들은 정신이 번쩍 났다.

"우리가 지금 무엇하는 거야? 까마귀의 뒤를 쫓는 것을 깜박 잊었네."

그제야 왕명이 생각났던 것이다.

"허, 우리가 뒤쫓던 까마귀가 보이지 않잖아?"

"큰일났네."

왕명을 어겼으므로 군사들은 난감했다.

군사들은 이리저리 돌아다니며 까마귀를 찾다가 어느 연못이 있는 곳에 이르렀다.

"대왕이 계신 곳으로 돌아가면 벌을 받을 거야. 어떡하지?"

군사들은 연못가에 서서 걱정을 했다. 그 때, 연못 속에서 웬 노인이 솟아오르더니 군사들에게 무언가를 건네 주었다. 그것은 한 통의 편지였다.

"그것을 대왕님께 갖다 보여 드리시오."

노인은 이 말을 하고는 이내 연못 속으로 사라졌다.

군사들은 말을 돌려서 궁궐로 돌아가 왕에게 사실 이야기를 했다.

"피촌이라는 마을에서 웬 노인을 만나 편지 한 통을 받았습니다. 대왕님께 갖다 드리라고요."

왕은 편지를 받고 겉봉을 읽어보았다. 거기에는 '이 편지를 읽으면 두 사람이 목숨을 잃을 것이요, 읽어보지 않으면 한 사람이 죽을 것이다' 라는 글이 씌어져 있었다.

겉봉의 문구를 읽어본 왕이 신하들에게 어찌해야 하는지를 물었다.

"편지를 읽고 두 사람이 죽느니, 차라리 읽지 않고 한 사람이 죽는 게 나을 것 같은데.……."

한 신하가 대답했다.

"일관을 불러 물어보심이 좋을 듯합니다."

"음, 그럼 어서 일관을 대령토록 하라."

이렇게 하여 일관이 불려와서 편지를 읽을 것인지, 읽지 않을 것인지를 판별하게 되었다. 일관이 왕에게 말했다.

"이 편지를 읽어보시는 게 좋습니다."

"어째서?"

"두 사람이란 백성이라는 뜻이고, 한 사람이란 임금님을 뜻합니다."

왕은 일관의 말이 맞다고 생각하고 편지를 뜯어서 읽어보았다. 거기에는 이렇게 씌어져 있었다.

'거문고 갑을 활로 쏘시오'

거문고 갑은 거문고를 넣어 두는 갑이었다.

왕은 신하들과 함께 거문고 갑이 있는 곳으로 가서 활을 쏘게 했다. 활을 두어 번 쏘자, 뜻밖에 그 안에서 사람의 신음이 들려왔다.

"아니, 저 속에 사람이 들어 있잖아? 어서 거문고 갑을 열라."

왕명이 떨어지자 신하들이 그것을 열어보았다. 그 안에는 두 사람이 숨어 있었는데, 한 사람은 궁궐에 머무는 스님이고 한 사람은 왕의 첩이었다. 당장 그 두 사람이 끌어내어졌다.

"무슨 까닭으로 너희는 저 속에 숨어 있었느냐?"

왕의 첩이 말했다.

"스님이 시키는 대로 했습니다. 임금님을 죽이면 제 소원을 모두 들어주겠다고 해서요."

스님은 아무런 변명도 하지 않았다.

"흉악한 것! 스님의 신분으로 궁녀를 꼬드겨서 왕권을 휘어잡으려고 하다니. 당장 저 요망한 것들을 처형하라."

이렇게 하여 거문고 갑 속에 숨어 있던 두 사람은 죽임을 당했다. 왕은 생각했다.

'노인이 편지를 뜯어 읽어보면 두 사람이 죽는다더니 맞았구나!'

만일 그 두 사람이 죽지 않는다면 왕 자신이 죽임을 당하므로 섬뜩한 일이 아닐 수 없었다.

이런 일이 있은 뒤, 궁궐에서는 정월 보름날을 '오기일(烏忌日)'로 정했다. 즉, 까마귀에게 찰밥으로 제사를 지내는 풍속이 생겨났다.

도화녀와 비형

"왕을 쫓아내자!"

신라 시대 때 백성들이 들고일어났다.

그리하여 제25대 사륜왕이 왕위에 오른 지 4년 만에 쫓겨나고 말았다. 정치는 하지 않고 매일 잔치나 벌이고 놀며 춤이나 추는 방탕한 생활에 젖었기 때문이다.

사륜왕은 왕위에 있을 때 특히 술과 여자들을 좋아했다.

어느 날, 왕이 정원 산책을 즐기고 있을 때였다. 군사들이 이런 말을 지껄여 대었다.

"자네들, 혹시 도화녀를 본 적이 있는가?"

"본 일이 없네만, 복사꽃처럼 아름답다는 소문은 들었지. 그 여자만 보면 눈이 부실 정도라네."

"나는 먼발치에서 딱 한 번 본 적이 있어. 그 여자를 보고 나니까 너무 아름다워서 넋이 빠질 지경이었지."

왕은 군사들의 이야기를 듣고 마음이 설레었다. 그토록 아름다운 여자가 다 있나 싶었던 것이다.

궁궐 안으로 들어온 왕은 신하를 불러 물어 보았다.

"도화녀라는 여자를 아느냐?"

"말을 들은 적은 있습니다만, 실제로는 본 적이 없습니다."

"하면, 그 여자를 찾아서 궁궐로 데려오너라!"

왕의 명령을 받은 신하는 당황했다.

"하오나, 그녀는 남편이 있사옵니다."

이 말을 들은 왕은 실망했다. 남편이 있는 여자는 함부로 어쩌지 못하는 법이었다.

그래도 왕은 포기하지 않았다. 도화녀가 얼마나 아름다운 여자인지

한 번 눈으로라도 보고 싶어서,

"데려오라면 데려왔지, 뭘 망설이느냐?"

하고 호통을 쳤다.

신하는 어쩔 도리가 없이 궁궐 밖으로 나와서 도화녀가 어디에 살고 있는지부터 수소문했다. 도화녀는 사량부에 살고 있었다.

신하는 도화녀를 찾아가서 왕명을 전했다.

"임금께서 부르시니, 한시도 지체하지 말고 어서 궁궐로 함께 가오."

도화녀는 듣지 않으려고 했다.

"에그, 남편이 있는 아녀자를 무슨 일로 부르십니까? 당치않습니다."

그렇지만 도화녀는 서슬이 퍼런 신하의 태도에 눌려 따라가지 않을 수가 없었다. 왕은 궁궐로 들어온 도화녀를 보고 입을 딱 벌렸다.

'저렇게 아름다운 여자가 이 세상에 살고 있었단 말인가?'

왕은 도화녀를 불러놓고 말했다.

"이제부터는 어디 가지 말고, 여기서 나를 섬겨라."

기가 막힌 도화녀였다. 아무리 왕이라 해도 결혼한 여자를 탐하다니, 그런 법이 없어서 도화녀는 거절했다.

"아니 되옵니다. 어찌 아녀자가 두 남자를 섬깁니까? 이 몸은 혼인을 하여 남편이 있사옵니다."

그렇지만 이 쪽은 왕이었다.

"너는 하나는 알고 둘은 모르는구나. 왕명을 거역하면 살아남지 못한다는 것을 알고 있느냐?"

왕명은 어떤 것이라도 반대하지 못하는 것이었다. 그런데도 도화녀는 듣지 않으려고 했다.

"아무리 그렇다 하더라고 허락지 못하겠습니다. 죽여 주십시오! 죽는 편이 낫습니다."

왕은 가만히 생각해 보았다.

'이 여자는 절개가 곧아서 왕명을 가지고도 안 되겠다. 그렇다고 이렇게 아름다운 여자를 포기할 수는 없지 않은가?'

이윽고 왕이 물었다.

"하면, 네 남편이 죽고 난 뒤에는 나를 따르겠느냐?"

도화녀는 섬뜩했다. 그럴 경우에는 왕명을 거절할 이유가 없어지는 것이므로 더 이상 버틸 수가 없는 것이다.

"그럴 경우에는 임금님의 분부를 따르겠습니다."

도화녀는 약속을 하고 말았다.

"그래, 그렇다면 집으로 돌아가서 네 남편을 섬겨라."

왕은 도화녀를 돌려보냈다.

'내 기어이 도화녀를 내 여자로 만들고 말리라!'

이런 생각을 하면서 살았으나, 사륜왕은 방탕한 임금으로 낙인찍혀 백성들에 의해 왕의 자리에서 쫓겨나고 그 해에 세상을 떠났다. 도화녀의 남편은 사륜왕이 죽은 지 2년 뒤에 죽었다.

그런 어느 날 밤, 도화녀는 슬픔에 빠졌다.

'자식도 없이 나 혼자 어떻게 살아갈까?'

이불 속에서 몸을 뒤척이며 눈물을 흘렸다. 그 때 바람 한 줄기가 문틈으로 흘러들어왔다.

그 바람에 등불이 꺼지고, 도화녀는 어둠 속에 서 있는 사람을 발견했다. 기절을 할 듯이 놀란 도화녀는,

"뉘신데, 이 밤중에 남의 집에 들어왔습니까?"

하고 외쳐 물었다.

"놀랄 것 없소. 나는 당신과의 약속을 지키기 위해 왔으니까. 나는 사륜왕이오."

"약속이라니, 무슨 약속……."

"부인 남편이 죽으면 나와 살아 주겠다고 약속했잖소? 그 약속을 지

키러 온 거요."

도화녀는 기절할 듯이 놀랐다. 죽은 왕이 산 사람을 찾아와 약속을 지키겠다니 세상에 이런 일도 있나 싶었다. 그래도 눈앞에 서 있는 왕이 전과 똑같은 모습이어서 박대할 수가 없었다.

"약속은 지키려고 하는 것이지요. 하지만, 비록 남편이 돌아가셔서 제가 홀몸이라 하더라도, 어른이 계신 만큼 부모님께 여쭈어보고 와서 답을 드려야겠습니다."

"그렇게 하시오. 기다리겠으니, 어서 부모님 방에 가서 말씀드리고 허락을 받으시오."

도화녀는 부모님이 계신 방을 찾아가서 자초지종을 이야기하고, 어떻게 해야 좋겠는지를 여쭈었다.

"거 참, 별의별 희한한 일도 다 많다. 살아 생전의 약속을 죽어서도 지키려고 하다니……. 다른 사람이라면 몰라도, 이 나라의 임금님이시니 지키지 않을 수가 없지."

도화녀는 부모님의 허락을 받아가지고 제 방으로 돌아와, 왕과 함께 며칠을 지냈다.

그러다가 왕은 갑자기 오색 구름을 타고 하늘나라로 올라가 버렸다. 도화녀는 그 뒤 임신을 했으며, 열 달 뒤에 아들을 낳았다.

이 아이 이름을 '비형'이라고 지었다.

그런 소문이 퍼지고 퍼져서 신라 제26대 진평왕의 귀에도 들어갔다. 진평왕은 헛소문인 것 같아 신하를 불러 확인해 보려고 했다.

"돌아가신 사륜왕께서 어느 여자와 정을 나누어서, 그 여자가 아기를 낳았다는 게 사실인지 알아보오."

"네, 곧 가 보고 오겠습니다."

신하는 도화녀의 집에 가서 알아보고 와서 왕에게 말했다.

"사실입니다. 남편이 죽은 뒤, 사륜왕의 혼령이 나타나 함께 지내고는 아기를 낳아 기른다 하옵니다."

"허, 참으로 신기하도다! 그렇다면, 그 아이는 보통 아이가 아닐 것이니, 궁궐에 데려와서 기르면 어떻겠느냐고 부인의 의향을 물어 보오."

신하가 가서 도화녀의 허락을 받았다.

"사륜왕의 아들이라면, 왕족이 분명하니 궁궐로 데려다 기르는 것이 마땅할 것이 아니오?"

"아이를 위해서는 좋은 일이지요. 그리 하십시오."

이렇게 하여 비형은 궁궐로 들어가 살게 되었다.

비형은 과연 보통 아이들과는 달리 지혜가 남다르고 재주가 뛰어났다. 하지만 궁궐에 들어와서 자라 15세 가량 되었을 때 괴이한 행동을 한다는 것이었다.

왕이 물었다.

"비형은 요즘 글공부를 잘 하고 있는고?"

"이상한 행동을 한다고 합니다."

"무엇이?"

"한밤중에 나갔다가 어디서 무엇을 하는지, 새벽에야 돌아옵니다."

"그렇다면 뒤를 밟아보아라."

비형을 보호하는 신하가 한밤중에 비형의 뒤를 쫓아갔으나, 바람처럼 사라져 버려서 놓치고 말았다.

이 말을 들은 왕은 군사들을 밤에 풀어서 비형이 나가지 못하게 엄중히 감시하도록 했다. 그렇지만 소용없었다. 밤만 되면 눈 깜짝할 사이에 성의 담을 넘어 사라졌다.

"도저히 비형을 뒤쫓지 못합니다. '휙' 소리가 나면 눈 깜짝할 사이에 사라지곤 합니다."

신하의 보고를 받은 왕은 곰곰 생각하다가 이렇게 일렀다.

"군사들을 사방에 풀어서 숨어 있게 하여 뒤를 밟아보오."

이렇게 하여 밤마다 군사들이 은밀히 비형의 뒤를 밟기 시작했다. 그러던 어느 날, 군사들은 비형을 발견하고 숲 속에 숨어 지켜보았다.

비형은 처소를 빠져나와 언덕으로 바람같이 달려가더니, 괴이한 소리로 신호를 했다. 그러자 도깨비들이 몰려오는 게 아닌가! 비형은 도깨비들과 어울려 춤을 추면서 놀았다.

그러다가 새벽녘이 되자 절에서 종소리가 들려오니까 도깨비들이 사방으로 흩어져 사라졌다. 비형도 도끼비들과 여러 가지 놀이를 하다가 궁궐 처소로 돌아갔다.

군사들은 이 사실을 본 그대로 왕에게 보고했다.

"무엇이? 비형이 도깨비들과……."

왕은 믿어지지 않았다.

"비형을 불러오너라."

왕은 비형에게 직접 사실을 확인하고 싶었다. 비형은 왕 앞에 와서 허리를 굽혔다.

"너에게 물어 볼 말이 있으니, 조금도 사실과 어긋남이 없이 대답하여라."

"네, 어느 앞이라고 거짓말을 하겠습니까?"

"네가 밤마다 성 밖으로 나가서 도깨비들과 어울려 놀고 새벽녘에야 돌아온다는 게 사실이냐?"

"네, 대왕님. 사실이옵니다."

"흠, 네가 보통 사람이 아니라는 것은 일찍이 아는 터……. 하면, 네 친구 도깨비들을 시켜 신원사 절 부근에 있는 개울에 다리를 만들어라."

"그리하면 절에 가는 사람들이 건너 다녀서 좋겠습니다!"

비형은 왕에게 다리를 놓겠다고 약속했다.

왕은 생각했다.

'만일 다리가 완성된다면, 비형이 정말로 도깨비들과 어울리는 것이지. 하, 세상에 이런 일도 다 있을까?'

다음 날, 한밤중.

비형은 여느 때와 마찬가지로 성의 담을 넘어가서 도깨비들을 만났다. 비형이 말했다.

"우리, 좋은 일 한 번 하자!"

"무슨 일?"

"개울에 다리를 놓는 거야. 그러면 사람들이 물에 들어가서 건너느라고 고생하지 않을 거 아니니?"

"좋아, 좋아!"

도깨비들은 비형을 따라 신원사로 통하는 개울로 가서 뚝딱뚝딱 큰 돌다리를 놓았다. 그 곳을 가 본 왕은 '과연 비형은 놀라운 재주를 지녔다'고 확신했다.

사람들도 감탄했다.

"이 다리는 비형이 귀신들과 함께 만들었대."

때문에 그 다리를 '귀교'라고 이름지었다.

왕은 또다시 비형을 불렀다.

"너에게 묻겠다."

"뭐든지 말씀하세요."

"혹시, 도깨비들 중에 나를 도와서 나라를 다스릴 만한 자가 있느냐?"

곰곰 생각하던 비형이 입을 열었다.

"생각났습니다. '길달'이라는 도깨비가 아주 재주가 뛰어납니다."

"오, 그래? 하면, 길달을 불러올 수 있느냐?"

"네, 데려오겠습니다!"

궁궐을 물러나온 비형은 날이 어둡기만 기다렸다. 그 날 밤, 비형은 또 도깨비들을 만났다.

"길달아, 네 재주를 우리 임금님께 자랑했더니 한 번 만나보고 싶어 하신다. 너도 나와 같이 인간이 되어 나라를 다스려 볼 생각이 없느냐?"

"싫다!"

"왜?"

"도깨비로 재미나게 사는 게 얼마나 좋으니? 한데, 왜 인간이 되어 고생을 하며 살아?"

"친구 좋다는 게 뭐니? 나를 위해서 네가 좀 고생 좀 하면 안 되니?"

"너를 위해서?"

"응. 너는 뭐든지 내 말이라면 다 들어주겠다고 했잖아?"

비형이 길달이라는 도깨비를 설득하자,

"그러면 그렇게 해 볼까?"

하고 승낙했다.

절에서 새벽 종이 울리자, 다른 도깨비들은 다 사라지고 길달만 남았다. 비형은 길달과 어깨동무를 하고 노래를 부르며 궁궐 처소로 돌아왔다. 물론, 길달은 도깨비가 아닌 인간의 모습을 띠었다.

이 날, 비형은 길달을 왕에게 보였다.

"오, 그대가 길달? 내 곁에서 나라일을 돌보아 줄 수 있겠나?"

왕이 묻자 길달이 대답했다.

"비형 친구가 권하니 아니 들을 수 없지요."

왕은 길달에게 집사라는 벼슬을 내렸다. 길달은 왕을 도와서 충성을 다 바쳐 일했다.

신하 중에 자식이 없는 사람이 있었다.

"너의 아버지를 삼아 주겠다."

왕은 각간(角干) 벼슬에 있는 신하인 임종을 길달의 아버지로 삼아 주기도 했다. 임종이 의붓아들인 길달에게 말했다.

"흥륜사에 가서 다른 잡귀들이 오지 못하게 지켜라."

그 뒤부터 길달은 밤마다 그 절의 문루에 올라가 잠을 잤다. 때문에 후세 사람들은 그 문을 '길달문' 이라 했다.

어느 날, 갑자기 길달이 보이지 않았다.

"이놈이 어디로 갔지?"

비형은 찾을 수가 없었다.

길달은 인간 일에 싫증을 느낀 나머지, 여우로 둔갑해서 궁궐을 빠져 나간 것이다. 비형은 이 사실을 알고 괘씸하게 여겼다.

"의리를 저버리고 도망쳐? 어디 두고 봐라."

어느 날 밤, 비형은 귀신들과 도깨비들을 시켜서 길달을 잡아오게 했다.

"네가 감히 나를 배신해? 배신자는 살려 둘 수 없어."

비형은 길달을 죽여 버렸다. 이것을 본 귀신들과 도깨비들은 '비형' 이라는 이름만 들어도 무서워서 벌벌 떨었다. 언제부터인가, 신라 사람들은 비형의 노래를 지어 불렀다.

　　비형은 돌아가신 임금님이 낳은 아들이라네. 아무리 무서운 귀신일지라도 비형이란 이름만 들으면 얼씬도 하지 못한다네

또한. 신라 사람들은 언제부터인가 귀신을 물리칠 때는 이 노랫말을 써 붙였다고 한다.

지혜로운 선덕 여왕

덕만 공주는 진평왕의 외동딸이었다.

공주는 지혜롭고 똑똑하여 만인의 사랑을 받았는데, 서기 632년에 신라 제 27대 선덕 여왕이 되었다. 우리 나라의 최초 여왕이다.

선덕 여왕은 10여 년 동안 앞일을 예견하면서 나라를 잘 다스렸는데, 많은 일화를 남겼다. 그 중에서 모란꽃 이야기가 제일 유명하다.

선덕 여왕은 재위 시절에 당나라의 태종에게 선물을 받았다.

"아니, 이건 홍색과 자색과 백색의 모란꽃 그림이 아니냐?"

"그 씨앗 석 되도 보내왔습니다."

여왕은 그림을 한참 들여다보더니,

"탐스러운 꽃이기는 하나, 이 그림은 별로 가치가 없도다."

하고 말했다.

"왜 가치가 없단 말씀입니까?"

신하가 물었다.

"이 꽃은 향기가 나지 않소."

여왕의 말을 들은 신하는 의아스러웠다. 그림만 보고도 어찌 모란꽃이 향기가 없는지를 판별하나 싶었던 것이다.

"어떻게 그걸 알 수가 있습니까?"

"꽃이란 나비나 벌이 곁들어져야 제 격이거든. 벌 나비가 날아들지 않으니, 분명코 향기가 나지 않지요."

모란꽃 그림에는 벌과 나비 그림이 없었던 것이다.

"하면, 그 씨앗을 심어보면 되겠군요?"

"그렇지."

여왕은 봄에 궁궐 뜰에 모란꽃 씨를 뿌리라고 명령했다.

씨를 뿌리고 싹이 돋아나 자라 꽃을 피웠다. 신하들은 모란꽃의 향기

를 맡으려고 했으나 아무런 냄새도 나지 않았다.

　"오, 우리 여왕님은 참으로 영민하시다!"

　사람들은 이 이야기를 전해 듣고 여왕을 우러렀다.

　어느 해 겨울, 여왕은 한 신하의 괴이한 보고를 받았다. 신하가 영묘
사 옥문지 부근에 갔다가 백성들에게 들은 이야기였다.

　"연못에서 개구리들이 떼를 지어 울어댄다 하옵니다."

　"무엇이? 한겨울에 개구리가 울어?"

　여왕은 섬뜩했다.

　'무슨 불길한 일이 일어났음이 틀림없다.'

여왕은 곧 두 장수를 불러 명령했다.

"지금 여근곡에 적병이 숨어 있을 것이니, 그대들은 군사 2천 명을 이끌고 나아가 무찌르시오."

두 장수는 고개를 갸웃거리며 궁궐을 나와서 군사들을 이끌었다.

"아니, 여왕께서 어떻게 가만히 앉아 적병이 숨어든 것을 안단 말이오?"

"꿈을 꾸셨겠지요."

"하하하, 꿈이란 현실과 맞지 않는 것이거늘……."

"가 보면 알겠지요."

두 장수는 농담을 하면서 군사들을 이끌고 여근곡으로 진격해 들어갔다. 그랬더니, 그 곳에 과연 백제군 5백여 명이 매복해 있는 게 아닌가! 느닷없이 공격해 온 신라군 앞에 백제군은 전멸해 버렸다.

두 장수는 승전고를 울리며 궁궐로 들어갔다.

"수고들 하셨소."

여왕은 얼굴에 환한 웃음을 띠었다.

"하온데, 이상한 점이 있습니다."

한 신하가 머뭇거리다가 입을 열었다.

"무슨……."

"백제군이 그 곳에 숨어 있다는 것을 어떻게 아셨습니까?"

여왕은 빙그레 웃고 나서 그 까닭을 설명했다.

"겨울철에 개구리가 우는 일은 흔치 않소. 개구리가 화가 나서 소리치는 것이니, 이는 군사를 뜻함이오. 또, 옥문지란 여자를 뜻하는 지명이오. 남자는 양, 여자는 음을 나타내는데, 그 빛으로 따지면 여자의 음은 흰빛이라오. 흰빛은 서쪽을 가리키는 것이니, 적의 군사가 신라 서쪽에 침입했음을 알아냈다오."

두 장수는 여왕의 말을 듣고 감탄했다.

선덕 여왕 때 건립한 첨성대

신라의 명장 김유신

이간(伊干) 벼슬의 김무력의 손자이며 각간 김서현의 맏아들인 김유신은 신라의 삼국 통일의 대업을 달성한 명장이다.

김유신은 서기 595년, 즉 진평왕 17년에 태어났다.

"이 아기 좀 보세요."

아내가 갓 낳은 김유신을 안아 등을 보이자 아버지는 눈이 휘둥그레졌다.

"허, 등에 북두칠성의 정기를 받고 태어났군."

점 일곱 개가 선명했다.

김유신의 몸은 이렇듯 칠요*의 정기가 서려 있었다.

무예에 뛰어난 김유신은 이미 소년 시절에 국선*이 되었다.

김유신은 백석이라는 낭도를 거느렸다. 두 사람은 만나기만 하면,

"고구려와 백제를 쳐야 할 텐데……."

하고 궁리했다.

"적을 치려면 적국의 형편부터 알아두어야 합니다."

백석이 말하자 김유신은 동의했다.

"맞아! 적을 알아야 치지."

"하면, 우리, 고구려부터 염탐하러 가 봅시다."

"좋아."

이리하여 김유신은 백석과 함께 고구려를 향해 길을 떠났다. 백석이 이렇게 말했다.

"공께서는 길을 모르시니, 제 뒤를 따라 걸으십시오."

"알았네."

---

* 칠요(七曜) 해, 달, 물, 불, 나무, 철, 흙의 일곱 가지를 가리킴.
* 국선(國仙) 화랑의 우두머리.

김유신은 백석의 뒤를 따라 떨어져서 걸었다.

한참 걷다가 보니, 김유신의 뒤를 따라오는 두 여자가 있었다. 또, 한참 가다가 골화천이라는 데에 이르렀을 때 또 한 여자가 나타났다.

이렇게 하여 김유신은 세 여자와 함께 동행하게 되었다.

여자들은 김유신에게 과일을 주면서 여러 가지 이야기를 나누었다. 김유신은 주로 화랑에 관한 이야기와 고구려, 백제 이야기를 했다.

"저희가 공에게 도움이 될 만한 이야기를 드리고 싶으니, 잠깐 숲 속으로 들어가세요."

한 여자가 말했다.

"왜요?"

"백석이 저희 이야기를 듣지 못하게요."

김유신은 세 여자를 따라 숲 속으로 들어갔다. 백석은 아무것도 모르고 멀찌감치 떨어져서 앞서 가고 있었다.

숲 속에 들어간 세 여자가 김유신에게 속삭였다.

"자 보아라! 우리의 모습을……."

별안간 세 여자가 신령의 모습으로 변했다.

"……우리 는 이곳을 지키는 산신령이니라."

"하이구, 그러하옵니까?"

김유신은 무릎을 꿇었다.

"너를 고구려로 유인하는 백석은 고구려 사람이니라. 그가 꾀어 가다가 죽이려고 하는 것도 모르고 네가 따라가는 것을 보고 알려주려고 우리가 동행한 것이니라."

세 신령은 이 말을 들려준 뒤 연기처럼 사라져 버렸다.

김유신은 백석을 불러놓고 말했다.

"올 때 중요한 문서를 가지고 가려고 했는데, 그만 집에 두고 왔어. 그러니 그것을 가지러 가자."

지금의 경북 영천인 골화천까지 왔으므로 멀리 온 것은 아니었다. 백석도 되돌아가자는 김유신의 말에 기꺼이 찬성했다.

집으로 돌아온 김유신은 백석을 묶어놓고,

"네가 나를 죽이려고 고구려로 데려가려는 것이지?"

하고 호통쳤다.

백석은 자신이 고구려 사람이라는 것을 실토했다. 그러고 나서 다음과 같은 이야기를 털어놓았다.

고구려 장수왕 때 괴이한 일이 일어났다.

"아니, 이럴 수가……."

왕은 물론 신하들은 놀라 어찌할 줄을 몰랐다. 강물이 거꾸로 흐르는 일이 벌어진 것이다. 물이라는 것은 높은 데서 아래로 흘러내려야 하는 것이거늘 반대로 위로 흐르니 얼마나 놀랐겠는가.

왕은 너무나 놀란 나머지 예언가를 불러 물어 보았다.

"어찌하여 강물이 거꾸로 흐르는 괴변이 일어났는고?"

"왕비가 부정한 짓을 했기 때문입니다."

그 자리에 있던 왕비는 펄펄 뛰었다.

"저 녀석이 거짓말을 하고 있사오니 임금님은 절대로 속지 마십시오."

왕비는 또 왕에게 이런 말을 속삭였다.

"쥐를 상자에 넣어서 무엇이 몇 마리나 들어 있느냐고 물어 보십시오. 만일 저 녀석이 맞히지 못하면 거짓말쟁이입니다."

왕은 왕비가 가져온 상자를 가리키며 예언가에게 물었다.

"여기에 무엇이 들어 있는고?"

"쥐가 들어 있습니다."

"맞다! 몇 마리인고?"

"모두 여덟 마리입니다."

"틀렸다."

왕비가 나서서 말했다.

"거짓말을 했으니, 저 녀석을 목 베어 죽이십시오. 순 거짓말쟁이옵니다."

왕은 왕비의 말을 듣고 예언가의 목을 베라고 명령했다. 예언가가 말했다.

"나는 억울한 죽음을 당합니다. 그러니 내가 죽은 다음에는 다른 나라 장수로 태어나서 반드시 고구려를 멸할 것입니다."

예언가가 목이 잘리고 나자, 쥐가 새끼 일곱 마리를 낳았다. 그러므로 쥐 여덟 마리가 들어 있다는 예언가의 말이 맞는 것이다.

그 날 밤, 고구려 왕이 꿈을 꾸었다.

"아니, 이럴 수가……."

죽은 예언가가 신라 김서현의 부인 품 속으로 들어가는 게 아닌가! 왕은 신하들에게 그 꿈 이야기를 했다.

"김서현의 아내가 낳은 아들이 있으면 죽여 없애야 우리 고구려가 평안합니다. 점장이 놈이 죽어서 환생한 거니까요."

그 뒤, 김서현의 부인이 아들 김유신을 낳았다. 고구려에서는 이 소식을 듣고 백석에게 유인토록 해서 죽이도록 한 것이었다.

김유신은 자신의 낭도로 들어와서 고구려로 유인하여 살해하려고 했던 백석에게 말했다.

"너는 고구려 첩자에 불과하지만 살려 둘 수가 없구나."

김유신은 칼로 그의 목을 치고 결심했다.

'내, 반드시 백제뿐 아니라 고구려를 멸망시키고 말리라!'

삼국 통일의 의지가 굳어진 김유신 장군의 일화이다.

태종 무열왕 김춘추

신라 제29대 태종 무열왕은 김춘추이다. 아버지는 용수(또는 용춘)이 며, 어머니는 진평왕의 딸인 천명 부인이다.

또한, 태종 무열왕 비인 문명 왕후는 김유신의 여동생 문희이다.

김춘추와 문희 사이의 숨은 이야기는 역사적으로도 유명하거니와 여러 가지 교훈도 담고 있다.

김유신에게는 두 명의 여동생이 있었는데, 보희가 언니요 문희는 동생이었다. 하루는 보희가 문희에게 꿈 이야기를 했다.

"세상에 이렇게 망칙한 꿈도 다 있을까?"

보희가 말하자 문희가 물어 보았다.

"언니, 무슨 꿈인데 그래?"

"아이, 그 이야기를 어떻게 해?"

그러자 더욱 궁금한 문희가 꿈 이야기를 재촉했다. 보희는 얼굴이 빨개져서 입을 열었다.

"글쎄, 서쪽 산 위에 올라가 오줌을 누웠지 뭐니."

"난 또 무슨 꿈이라고……. 오줌 누는 꿈이 뭐 그리 이상해요?"

"그 다음이 중요해. 오줌을 눈 것까지는 이상할 것이 없지. 내 오줌이 글쎄 서라벌 온 천지에 가득 흘러 넘치지 뭐야."

문희는 보희의 꿈 이야기를 듣더니 눈을 반짝 빛냈다.

'오줌이 서라벌에 흘러서 넘쳐나?'

예삿꿈이 아니었다.

문희가 말했다.

"언니, 그 꿈 나에게 팔아요."

옛날에는 꿈도 사고파는 풍습이 있었다. 사는 사람은 대가를 지불하고, 파는 사람은 말로 판다고 했다.

"내 꿈을 사겠다고? 무얼로?"

"비단 치마 줄게요."

"오, 내가 탐내던 그 비단 치마?"

"네."

"그래."

문희는 얼른 비단 치마를 갖다가 보희에게 주었다. 보희는,

"내 꿈 너 가져."

하고, 주먹 쥔 손을 문희의 치마 자락에 넣는 시늉을 했다.

정월 보름날, 김유신은 김춘추를 불러서 공차기를 했다. 그러다가 짐 짓 김춘추의 외투를 잡아당겨서 옷고름이 떨어지게 했다.

"허, 이거 내가 실수를 했구료. 안으로 들어갑시다."

김유신은 제 방으로 김춘추를 들여보내 놓고 안방으로 갔다. 거기에 두 누이동생이 있었다.

"보희야, 공놀이를 하다가 내가 춘추 공의 외투를 잘못 잡아서 옷고 름이 떨어졌구나. 그러니 네가 내 방에 가서 그 옷고름을 달아 드려 라."

"에그, 망측하게! 어찌 처녀가 남의 귀공자 앞에 나설 수 있어요?"

보희는 단번에 거절했다.

난처한 김유신은 다음에 문희에게,

"그럼 네가 달아 드리겠니?"

하고 물었다.

"그러지요!"

문희는 두 말 하지 않고 승낙했다. 오라버니를 따라가서 김춘추의 외 투 옷고름을 꿰매어 달아 주었다.

이런 일이 있은 뒤, 김춘추는 김유신의 집에 자주 놀러왔다. 김유신 은 그것을 보고 속으로 좋아했다.

'음, 춘추 공이 내 여동생을 좋아하는구나.'

얼마가 지나지 않아서 김유신은 문희가 임신한 것을 알았다. 문희는 오라버니에게 불려가서 호된 꾸중을 들었다.

"네 뱃속에 있는 아이가 춘추 공의 씨지?"

"옷고름을 달아 준 인연으로 그리 되었습니다."

"어허! 시집도 안 간 처녀가 아기를 배다니. 너는 우리 가문의 명예를 더럽혔으니, 불에 타 죽어 마땅하다."

한바탕 소동을 벌인 김유신은 이 소문을 내어 온 장안 사람들이 알게 했다. 이어, 대문 앞에 장작더미를 쌓아놓고 여왕이 남산으로 행차하는 날을 잡아 불을 질러 연기가 자욱하게 했다.

남산으로 행차를 하던 선덕 여왕이 김유신의 집 앞에서 연기가 나는 것을 보고 신하에게 물었다.

"저기 불이 났느냐?"

"아니옵니다. 유신이 제 누이동생을 불에 태워 죽이려나 봅니다."

"아니, 왜?"

"처녀의 몸으로 아기를 배었다고 불 태워 죽인다 하옵니다."

"아이를 배게 한 남자는 누구냐?"

어느 신하가 귓속말로 '김춘추'라고 알려주었다. 여왕은 김춘추를 불러서 빨리 달려가 김유신의 여동생을 구하여 혼인을 맺으라고 호통 쳤다.

김춘추는 말을 타고 달려 내려가서 김유신에게 외쳤다.

"참으시오! 어서 불을 끄시오. 왕께서 문희와의 혼인을 허락하셨으니, 왕명대로 실행하겠소."

그제야 김유신은 장작더미에 붙은 불을 물을 떠다가 껐다.

이렇게 하여 문희는 김유신의 바람대로 김춘추와 혼인을 하여 왕비가 되었던 것이다.

김춘추는 진덕 여왕을 이어 왕이 되고, 김유신과 더불어 삼국 통일의 위업을 달성했다. 8년 동안 나라를 다스린 태종 무열왕 김춘추는 59세 때인 서기 661년에 세상을 떠났다.

뒷날, 사람들은 언니의 꿈을 산 문희 이야기를 하면서 그 꿈이 곧 왕후가 될 꿈이라고 풀이했다.

태종 무열왕 사적비

백제의 멸망

백제의 마지막 임금은 너무나도 잘 알려진 의자왕이다. 그는 무왕의 맏아들로서 용맹스럽고 효성스러웠으며, 담력 또한 컸다. 형제간에도 우애도 깊어서 칭송이 자자했다.

사람들은 초기에 그를 해동증자*라고 칭했다.

그런 그가 무왕의 뒤를 이어 서기 641년 왕위에 올랐다. 의자왕은 처음에는 나라를 잘 다스리다가 차차 술과 여자와 놀이에 빠지기 시작했다.

이 무렵은 신라가 백제와 고구려를 넘보고 삼국 통일을 꾀할 때였다. 그것도 모르고 의자왕은 자고 나면 방탕한 세월을 보냈다.

"대왕님, 부디 나랏일을 돌보소서!"

좌평 벼슬의 충신 성충이 간해도 듣지 않았다.

"머지않아 적이 쳐들어올 기미가 보입니다. 하오니……."

"무슨 방자한 말을 하느냐? 에이, 귀찮다."

의자왕은 성충을 옥에 가두어 버렸다. 옥에 갇힌 성충은 너무 늙고 병까지 얻어 세상을 하직하게 되었다. 그 때 성충은 마지막으로 의자왕에게 글을 올렸다.

적이 만일 내침을 하거든 지세를 잘 살펴 대비하소서. 육지의 군사는 탄현을 넘지 못하게 막으시고, 수군이 쳐들어오면 기벌포에서 막으소서. 그리하면 적이 감히 접근치 못할 것이옵니다.

의자왕 19년, 즉 서기 659년이었다. 백제가 멸망하기 1년 전쯤 해서

---

* 해동증자(海東曾子) 동쪽 나라의 증자같이 뛰어난 사람이라는 뜻.
* 탄현 금강 상류의 요새.

불길한 징조가 나타나기 시작했다.

"절에 붉은 말이 나타났대."

사람들이 수군거렸다.

또, 여우 떼가 궁궐에 몰려왔다고도 했다. 사자수라는 언덕 위에는 커다란 고기가 올라와 죽어 있었다고 했다.

이듬해 2월에는 백제의 곳곳 우물이 핏빛으로 물들고, 사자수 물도 붉은 빛을 띠었다. 봄에는 개구리 떼가 나무 위로 기어올라가고, 초여름에는 사슴처럼 큰 개가 궁궐을 향해 짖어대기도 했다.

"백제는 망한다! 멸망한다……."

밤마다 귀신들이 나타나 궁궐에 대고 외치고는 땅 속으로 들어가 버리는 소동도 일어났다.

"에이, 땅을 파서 귀신들을 모조리 잡아 없애라!"

의자왕이 소리쳤다.

땅 속을 파보니, 그 속에 거북이 한 마리가 나왔다. 한데, 거북의 등에 이런 글귀가 씌어져 있었다.

'백제는 보름달, 신라는 초승달'

의자왕은 용하다는 예언가를 불러다가 그 뜻을 물었다.

"보름달은 다 찼으니, 백제는 기울어진다는 뜻입니다. 초승달은 차차 차오르는 것이니, 신라는 부흥한다는 뜻입니다."

"에이, 너마저 요망하게 구는구나!"

의자왕은 바른말을 한 예언가를 죽여 버리고, 다음에는 무당을 불러다 그 뜻을 물었다.

"보름달은 성한 것이니, 백제는 왕성하다는 뜻입니다. 초승달은 미약한 것이니, 신라는 힘이 없다는 뜻입니다."

"옳거니!"

의자왕은 거짓으로 아첨을 한 그 무당에게 상을 내렸다.

이 무렵인 서기 660년, 신라는 태종 무열왕이 다스리고 있었다. 왕은 아들 인문을 당나라에 보내어 군사를 요청하는 외교를 벌였다.

그 결과, 당나라 고종은 소정방으로 하여금 군사 13만으로 백제를 정벌토록 했다. 바다를 건너온 소정방은 수군을 이끌어 덕물도(지금의 덕적도를 가리킴.)에 당도했다.

신라는 당나라 수군의 힘을 비는 동시에 김유신 장군으로 하여금 5만의 육군으로 백제로 쳐들어가게 했다.

바야흐로 백제는 위아래에서 적의 침입을 맞게 되었다. 발등에 불이 떨어진 것을 그제야 한 의자왕이 좌평 벼슬의 의직에게 물었다.

"어찌해야 적을 막을 수 있는고?"

"먼저 당나라의 수군부터 막아야 합니다. 저들은 먼 곳에서 바다를 건너오고 또 이 곳 지리에 익숙지 못하니, 먼저 쳐서 기를 꺾어야 합니다. 그리하면 당나라 군사를 믿고 쳐들어오는 신라군이 사기가 저하되어 제대로 진격치 못할 것이옵니다."

의직이 말하자, 달솔 상영이 반대하고 나섰다.

"아니옵니다! 당나라 수군은 먼 데서 왔으니 속전을 서둘 것입니다. 먼저 신라군을 쳐서 당나라 기세를 꺾어야 하옵니다."

의자왕은 두 신하의 주장 중 어느 쪽을 택해야 좋을지 몰랐다. 때문에 귀양을 가 있는 좌평 흥수에게 사람을 보내어 물었다. 흥수는 성충의 의견과 같았다.

"육군은 탄현을 넘지 못하게 막고, 수군은 기벌포에서 막아야 합니다."

신하들은 흥수의 의견에 모두 반대했다.

"흥수는 귀양을 보낸 임금을 원망하고, 나라가 망하기를 바라는 자이옵니다!"

이렇게 주장하고, 성충·흥수와 정반대되는 의견을 내놓았다. 즉, 당나라군에게 백마강으로 들어오게 하여 쳐부수고, 신라군에게는 탄현을 넘도록 한 다음에 쳐부수자는 것이었다.

"오, 그대들의 말이 맞도다."

의자왕은 간신들의 말을 좇기로 했다. 나라의 문을 앞뒤로 열어놓고 적을 부르는 어이없는 일이었다.

당나라 수군이 백마강에 쳐들어오고, 신라군이 탄현을 넘었다는 보고를 받은 의자왕은 계백 장군을 불렀다.

"우리 백제는 장군의 손에 달렸소."

계백이 출전 명령을 받고 군사를 모두 소집해 보니 불과 5천 명밖에 되지 않았다.

'아, 이 나라가 이젠 마지막이구나!'

나라가 망한 것을 안 계백 장군은 출전에 앞서 군사들에게 이렇게 다짐을 했다.

"자, 우리는 마지막 결전장으로 나아가는 것이다! 살기를 바라는 자는 집으로 돌아가거라."

그러자 군사들은 죽기를 맹세했다.

이렇게 하여 계백의 5천 결사대는 황산벌로 나아가 신라군을 맞아 네 번 싸워 네 번 다 승리했다. 그렇지만 군사의 수효가 신라군의 열 배나 적은 백제군이 마지막까지 승전고를 울릴 수는 없었다.

마침내 계백은 군사들과 함께 장렬하게 전사함으로써 백제의 운명은 막을 내리게 되었다.

도성 안의 백제군이 나당 연합군을 무찌를 수는 없었다. 비로소 의자왕은 탄식했다.

"내가 성충의 말만 들었어도 이 지경이 되지는 않았으련만……."

의자왕은 태자 융과 함께 도성을 내주고 북쪽으로 달아났으나, 둘째 아들 태는 스스로 왕이 되어 남은 군사와 성을 지켰다.

　그러자 태자의 아들 문사가 새 왕이 된 태에게 따졌다.

　"어찌하여 숙부 마음대로 왕이 되십니까?"

　문사는 성벽을 넘어서 도망갔다.

　당나라의 소정방이 침입하자, 새 왕이 된 태도 더는 대항하지 못하고 성문을 열어 항복했다. 도망친 의자왕과 태자, 신하들이 곳곳에서 항복하여 포로가 되었다. 소정방은 1만 명이 훨씬 넘는 포로를 당나라로 끌고 가 버렸다.

　부여성 북쪽에 백마강을 끼고 굽어보는 큰 바위가 있는데, 사람들은 그 바위를 낙화암이라고 한다. 백제가 멸망 직전에 있을 때 궁인들이 몰려와 꽃처럼 떨어져 죽었다고 해서 낙화암이라고 전한다. 또는 백제의 옛 기록에는 의자왕이 3천 궁녀와 낙화암에서 떨어져 죽었다고도 한다.

　하지만 당나라 역사책에는 의자왕이 포로로 끌려가 당나라에서 죽었다고 기록되었다.

신라의 문무 대왕

서기 661년에 신라는 문무왕이 즉위했다.

문무왕은 직접 군사를 거느리고 김인문·김흠순 등과 함께 평양성을 공격하여 당나라 군사들과 고구려를 멸망시켰다. 고구려의 보장왕은 당나라 장수 이적에게 사로잡혀 끌려갔다.

당나라 군사들이 신라를 넘보자 문무왕은 군사를 일으켜 무찔러 버렸다. 화가 난 당나라 고종이 김인문 등을 불러들였다.

"어찌하여 너희는 우리 군사들의 힘으로 고구려를 쳐부수고 그 은혜도 저버리고 우리 군사들을 해쳤느냐?"

당나라 고종은 억지를 써서 김인문을 옥에 가두었다.

어느 날, 의상 법사가 문무왕을 찾아와 말했다.

"당 고종이 신라를 치려고 군사 50만을 훈련시키고 있답니다."

의상 법사가 김인문을 찾아갔다가 얻은 정보였다.

문무왕은 곧 신하들과 방어책을 의논했다.

"용궁에 들어가서 비법을 배워왔다는 명랑 법사를 불러 대비책을 세우심이 마땅합니다."

어느 신하가 말했다.

왕은 곧 명랑 법사를 불러 대비책을 물었다.

그랬더니, 신유림에 '사천왕사' 라는 절을 짓고 설법을 하면 된다고 했다. 이 때 당나라 군사들이 배를 타고 쳐들어온다는 보고가 들어왔다.

"절을 짓기도 전에 적이 쳐들어오니, 이를 어찌하면 좋겠소?"

왕이 묻자, 명랑 법사는 걱정할 것 없다고 했다.

"비단으로 임시로 절을 짓겠습니다."

그는 채색된 비단을 갖다가 절처럼 꾸미고, 스님들을 불러다 염불을 외도록 했다. 그러니까 바다에 풍랑이 일어서 당나라 군사들이 탄 배가 모조리 침몰해 버렸다.

그런 다음, 임시로 절을 지었던 곳에 정식으로 절을 지었다. 이 사천왕사는 서기 671년에 건립되었다.

당나라는 가만히 있지 않았다. 조헌이라는 장수가 군사 5만을 이끌고 신라를 침공해 왔다. 신라에서는 또다시 전번처럼 열두 명의 스님들에게 염불을 외게 했다.

그러니까 당나라의 군사를 실은 배가 모조리 풍랑을 만나 뒤집혀 물속으로 가라앉았다.

"거 참 이상하다……."

당나라의 고종 황제는 김인문과 함께 잡아 가둔 박문준에게 물어 보았다.

"어찌하여 우리 군사들이 배를 타고 나아가면 한 명도 살아 돌아오지 못하느냐?"

"우리 신라가 당나라의 도움으로 삼국 통일을 해서, 그 은혜를 생각하여 천왕사 절을 지었다는 말을 들었습니다. 아마도 그것과 무슨 관계가 있지 않나 싶습니다."

고종은 즉시 사자를 신라에 보내어 천왕사를 살펴보게 했다. 이 소식을 접한 신라의 왕은 즉시 천왕사 남쪽에 새 절을 지으라고 했다.

'천왕사를 보여 주면 안 돼.'

당나라 사자가 당도하자, 신라에서는 가짜로 지은 절을 보여 주었다. 사자가 절을 둘러보고 화를 내었다.

"이게 어디 천왕사요, 망덕사지!"

신라에서는 그에게 뇌물을 듬뿍 안겨 주어서 달랬다. 그러자 사자는 시치미를 떼고 돌아가서 고종 황제에게,

"가 보니, 정말로 신라는 천왕사를 지어 황제 폐하의 복을 빌고 있었

습니다."

하고 보고했다.

이렇게 하여 당나라는 신라를 넘보지 않게 되었다. 또, 그 때 가짜로 지은 새 절은 사자의 말을 따서 '망덕사'라고 불렸다.

문무왕에게 대왕의 칭호를 쓴 것은 이 무렵부터이다.

어느 해에 문무 대왕은 서울 주위에 성곽을 쌓으려고 했다. 이 때 의상 법사가 이를 말렸는데, 그의 이론이 너무나 합당했다.

"백성들은 임금이 밝은 정치를 베풀면, 땅 위에 금을 긋고 '이것이 성곽이다'라고 말하면 넘지 않을 것입니다. 또한 나라의 재앙이 소멸되고 복이 넘칠 것입니다. 만일, 임금의 정치가 밝지 못하면 아무리 튼튼한 성곽을 쌓는다 해도 코웃음치며 마구 넘나들 것입니다."

대왕은 의상 법사의 말을 듣고 성곽 쌓는 계획을 접었다고 한다.

또, 어느 해에 이상한 사람이 떠돌아다녔다. 한 나그네가 검은 승려복을 입고 손에는 비파를 들고 이곳 저곳을 기웃거렸던 것이다.

"에그, 왜 남의 집 담을 넘어다보시오?"

아낙이 기겁을 하자 나그네가 말했다.

"굶지는 않는지, 헐벗지는 않는지 궁금해서요. 담이 허물어져서요."

"나는 또 곡식을 달라는 스님인 줄 알았어요. 저희는 하루 한 끼밖에 먹지 못하고 삽니다. 혹시 곡식을 주시는 스님이신가요?"

"지금은 드리지 못하지만, 얼마 안 지나서 꼭 드리리다."

정말로 나그네는 얼마 뒤에 말을 타고 나타나 그 아낙에게 곡식 몇 가마를 실어다 주었다.

이 나그네가 바로 문무 대왕의 아우 거득공이다. 왕이 이 아우에게 재상 자리를 맡으라고 하자 이렇게 말했다.

"먼저 백성들을 둘러보고 나서 재상이 되겠습니다."

백성의 세금 부담이 무거운지, 부역이 심하지나 않는지, 관리들의 부정에 시달리지 않는지 골고루 살펴보고 나서 재상이 되어야 나라를 잘 다스릴 수 있다는 것이었다.

　문무 대왕이 명군이시니, 그의 재상 또한 명신인 것이다.

문무왕의 수중릉인 대왕암

국보 피리 '만파식적[*]'

신라의 제31대 신문왕은 문무왕의 아들이다. 신문왕은 681년에 즉위했으며, 부왕을 추모하기 위해 동해에 '감은사'라는 절을 세웠다.

신문왕이 즉위한 이듬해 봄, 바다를 지키는 박숙청이 헐레벌떡 달려와서 왕에게 보고했다.

"동해 바다에 작은 섬이 나타나 감은사 쪽으로 떠 오더니 웬일인지 오락가락하기만 합니다."

"배가 아니라 섬이 떠 와?"

왕은 놀라서 일관 김춘질에게 그 까닭을 물었다. 그랬더니,

"선왕(문무왕)께서 용이 되시어, 삼한을 다스리십니다."

하고 말하는 게 아닌가.

뿐만 아니라, 김유신 장군은 하늘나라의 33천 아들로서 천상 대신이 되었다는 것이었다.

"그렇듯 두 성신[*]이 마음을 합하여 대왕께 나라를 지킬 보배를 내려 주시려고 합니다. 지체하지 마시고 바다로 나가 보십시오."

왕은 기뻐하며 동쪽 바다가 보이는 곳으로 갔다. 함께 간 사자가 바다 위에 둥실둥실 떠 나타난 산을 살펴보고 와서 말했다.

"산세가 마치 거북의 머리처럼 생겼습니다."

또, 산꼭대기에 대나무 하나가 있는데, 낮에는 둘이 되고 밤에는 하나로 합쳐진다는 것이었다.

"오호……."

왕은 감은사에서 경건하게 하룻밤을 묵었다.

이튿날, 그 대나무 둘이 점심때쯤 되자 하나로 합쳐졌다.

---

* 만파식적(萬波息笛) 폭풍과 파도를 잠재우는 피리.
* 성신(聖臣) 하늘이 내리신 신하.

그러니까 천둥 번개가 일고 비바람이 7일 동안이나 휘몰아쳤다.

7일 뒤에는 바람이 자고 바다가 평온해졌다.

왕은 배를 타고 바다 위로 떠 온 산으로 갔다. 그 때 용이 왕에게 검은 옥띠를 바쳤다.

"이 산 대나무가 하나로 합치기도 하고 둘로 변하기도 하는데, 대체 어찌된 일이오?"

왕이 묻자 용이 대답했다.

"대나무가 합쳐져야 소리가 납니다. 사람으로 말하면 두 손을 마주쳐야 소리가 나는 이치와 똑같습니다. 즉, 대왕께서 소리로 천하를 다스릴 수 있다는 징조입니다."

용은 대나무로 피리를 만들어 불면 아무리 시끄러운 세상이라 하더라도 평온을 찾을 수 있다고 가르쳐 주었다.

"바다의 용왕이 되신 선왕과 천신이 되신 김유신 장군이 뜻을 모아 저에게 이 보물을 갖다 드리게 한 것입니다."

왕은 기뻐하며 사자에게 대나무를 베라고 했다. 그 대나무를 가지고 배를 타자, 바다 위로 떠 온 산과 용이 어디론지 사라져 버렸다.

이 날 밤, 왕은 감은사에서 묵었다.

다음 날, 왕이 기림사 부근의 냇가에 이르러 점심을 먹을 때였다.

"아버님……."

태자가 대궐에서 말을 타고 달려왔다.

"옥대도 받아 오셨군요?"

그것을 살펴본 태자는 옥대 여러 쪽이 용이라고 말했다. 왕이 쪽 한 개를 떼어 물에 넣으니까 과연 그것이 용이 되어 하늘로 올라갔다. 사람들은 그 곳에 생긴 연못을 '용연' 이라 불렀다.

왕은 대궐로 돌아와서 베어 온 대나무로 피리를 만들도록 했다. 또, 하늘이 내린 선물을 보관하는 창고라는 뜻으로 천존고도 지어 만든 피리를 귀중히 보관토록 했다.

"대왕님, 날이 가물어서 백성들이 농사를 짓지 못합니다."

이런 보고가 들어오면, 왕은 피리를 불게 했다. 피리만 불면 비가 내렸다. 또, 홍수가 나서 피리를 불면 비가 그쳤다.

"폭풍이 심해서 어부들이 고기잡이를 나가지 못합니다."

이런 때도 피리를 불게 했다. 그러면 비바람이 그치고 바다 물결이 잔잔해졌다. 뿐만이 아니었다.

"적이 쳐들어옵니다!"

그런 때는 왕이 친히 나서서 피리를 불었다. 그러면 적이 맥을 못 추고 물러갔다. 전염병이 돌 때도 피리를 불어 막았다.

이 피리를 만파식적이라 하고, 나라의 보물로 잘 보관했다.

죽지랑과 득오 낭도

신라의 제32대 효소왕 때, 재주가 뛰어난 화랑 죽지랑이 있었다. 죽지랑은 많은 낭도를 거느렸다.

죽지랑은 낭도 중 득오 급간이라는 부하를 매우 아꼈다.

'이상하네. 득오가 나타나지 않는 게 열흘이 지난 것 같은데……'

하루도 빠지지 않던 득오가 보이지 않자, 죽지랑은 그의 어머니를 찾아갔다.

"아드님, 어디 있습니까?"

"모량부의 당전* 익선이 득오를 부산성 창고지기로 삼는다기에 거기에 갔습니다. 아마도 급히 가느라고 인사를 드리지 못했나 봅니다."

"아, 그래서 그 동안 보이지 않았군요? 나라일 때문에 갔다면 잘된 일이지요."

죽지랑은 득오를 축하해 주기 위해 떡과 술을 준비하여 하인과 낭도 137명을 데리고 부산성으로 갔다.

"득오는 어디 있습니까?"

그 곳에 있는 사람에게 물으니, 이렇게 대답했다.

"익선의 밭에서 일하고 있을 겁니다.

죽지랑은 밭으로 가서 득오를 만났다.

'남의 부하를 데려다가 제 집 일을 시키다니……'

괘씸한 생각이 든 죽지랑은 익선에게 말했다.

"득오를 데려가게 휴가를 내주시오."

"안 되오."

익선은 단박 거절했다.

＊당전 신라 군대의 부대장에 해당하는 직책.

"왜 안 된다는 거요?"

"밭일이 끝나지 않았소."

두 사람이 실랑이를 벌이고 있을 때, 수송 관리 간진이 추화군 능절의 벼 30석을 운반하다가 그 광경을 보았다.

'죽지랑이라는 사람은 참 좋은 사람이구나!'

자기 부하가 고생하는 것을 구해 주려고 하기 때문이었다. 간진은 익선에게 벼 30석을 줄 테니 득오를 보내라고 했다. 재물에 욕심이 많은 익선이지만 그래도 거절했다. 간진이,

"그러면 말과 안장도 주겠소."

하고 익선에게 말하자 비로소 승낙했다.

이 소문이 널리 퍼져서 조정의 화주*가 알게 되었다.

"나쁜 놈……."

화주는 익선을 붙잡아갔다.

몹시 추운 겨울날, 화주는 익선에게 연못에 들어가 목욕을 하는 벌을 주었더니 그 안에서 얼어죽었다.

효소왕은 이 말을 듣고, 모량리 사람들 중 벼슬자리에 있는 사람들을 모두 내쫓았다.

"앞으로는 모량리 사람들을 벼슬을 하지 못하게 하라! 또, 모량리 사람들은 스님이 되더라도 절에 머물지 못하게 하라."

흑의*도 입지 못하게 했다. 반면, 득오를 도와 준 간진에게는 상을 내리고, 그 자손이 마을의 우두머리가 되게 해 주었다.

죽지랑은 그 뒤 김유신 장군을 좇아 삼국 통일을 하는 데 큰 공을 세워 재상이 되었다.

죽지랑이 태어나기 전의 일이었다.

---

* 화주(花主) 화랑을 관장하는 직책.
* 흑의(黑衣) 승려가 입는 잿빛의 검은 옷.

술종공이 삭주 도독사로 임명되어 떠날 때, 기병 3천 명의 호위를 받았다. 이들이 죽지령에 이르자, 한 거사*가 고갯길을 편편하게 닦고 있었다.

술종공은 그 거사가 열심히 일하는 것을 보고 감탄했다. 또한, 거사는 웅대한 행렬을 보고 술종공을 마음 속으로 존경했다.

두 사람은 마침내 인사를 나누고 간단한 대화를 했다. 부임지에 도착해야 하므로 그와 길게 이야기할 시간이 없었다.

삭주에 도착한 술종공은 어느 날 밤에 이상한 꿈을 꾸었다.

'낯익은 사람 같기는 한데…….'

그 사람이 방 안으로 들어오자, 술종공이 꾸짖었다.

"왜 남의 방에 허락도 없이 들어오는 거요?"

한데, 그 사람은 말없이 서 있기만 했다. 꿈에서 깬 술종공은 그 사람이 누구인지 생각이 났다. 부임지에 오던 중 만난 거사였다.

술종공은 아내에게 그 꿈 이야기를 했다.

"참 이상하네요."

부인도 술종공과 똑같은 꿈을 꾸었다는 것이었다.

술종공은 심부름꾼을 시켜서 죽지령을 찾아가 보라고 했다. 가 보고 온 심부름꾼은 이렇게 말했다.

"그 거사는 얼마 전에 세상을 떠났답니다."

가만히 따져보니, 거사가 죽은 날이 술종공 부부가 그를 본 꿈을 꾼 날이었다. 술종공은 퍼뜩 생각이 났다.

'아! 그 거사가 우리 집과 긴밀한 인연이 될 거야.'

거사가 죽어서 아들로 태어날 것 같았다. 술종공은 하인들을 죽지령에 보내어 그 꼭대기에 거사를 장사지내어 주고 돌로 미륵불상을 만들

---

* 거사 출가하지 않은 사람이 불교의 법명을 가진 사람.

어 무덤 앞에 세워 주었다.

아내는 임신을 하여 아들을 낳았다. 술종공은 그 아이의 이름을 '죽지'라고 지었다.

화랑이 된 죽지는 김유신과 더불어 삼국 통일을 하였으며, 대신이 되어 진덕·태종·문무·신문왕의 네 왕을 섬겼다. 다음은 낭도 득오가 죽지랑을 사모하여 지은 노래이다.

낭이여, 그리운 마음을 누를 길이 없도다.
죽어도 함께 무덤에 묻히고 싶어라.

수로 부인

신라의 제33대 성덕왕 때, 순정공이 강릉 태수로 부임하게 되어 길을 떠났다. 일행은 바닷가에 이르렀다.

"오, 이토록 경치 좋은 곳이 어디 또 있을까?"

"볼수록 장관이네."

그들은 쉬어서 점심을 먹고 가기로 했다.

높은 벼랑이 둘려져 있고, 바닷가의 모래사장은 은모래를 끼얹은 듯했다. 또, 벼랑 위 곳곳에는 철쭉꽃이 무더기를 이루어 만발해 있었다. 순정공의 부인 수로는 벼랑 위의 철쭉꽃을 쳐다보며,

"아름답게도 피었네."

하고 감탄했다.

감탄만 하는 게 아니라, 두리번거리며 누군가가 철쭉꽃 한 다발을 꺾어 주기를 바랐다. 그렇지만 하인들은 서로 눈치만 볼 뿐 벼랑 위로 올라가려고 하지 않았다.

"오, 저 철쭉꽃……. 누가 좀 꺾어 주었으면……."

한 하인이 냉정하게 말했다.

"저 벼랑은 가팔라서 누구도 올라가지 못합니다."

바로 그 때, 암소를 끌고 가던 어느 노인이 나섰다.

"부인, 철쭉꽃을 이 늙은 것이 꺾어 드려도 상관없겠습니까?"

"하유, 그럼 고맙지요."

수로 부인이 말했다.

노인은 깎아지른 듯한 그 벼랑 위로 올라가더니, 익숙한 솜씨로 철쭉꽃 한 다발을 꺾어 가지고 내려왔다.

자줏빛 바위 벼랑 끝에

몰고 온 암소를 놓아두게 하시고,

이 노인을 부끄러워하지 않으신다면

꽃을 꺾어다 바치오리다.

이런 헌화가*를 지어 부르며, 노인은 수로 부인에게 철쭉꽃을 바치고는, 이내 사라졌다.

아무도 그 노인이 누구인지 몰랐다.

"이름이나 물어 볼 것을……."

수로 부인은 몹시 아쉬워했다.

일행은 이틀 뒤에 임해정이라는 곳에서 쉬어 점심을 먹었다. 그 때 갑자기 용이 나타나더니, 수로 부인을 납치하여 바닷속으로 들어가 버렸다.

"이 일을 어찌하면 좋단 말인가!"

순정공은 놀라서 어찌할 바를 몰랐다. 난감한 순정공 앞에 한 노인이 나타나 말했다.

"여러 사람의 입은 쇠도 녹인다는 옛말이 있습니다. 그러니 바닷속의 용인들 사람의 입을 겁낼 게 아닙니까?"

그러니 이 곳의 백성들을 불러모아 노래를 지어 부르면서 막대기로 언덕을 두드리면 수로 부인을 찾을 수 있다고 했다.

"어르신의 말씀대로 하겠습니다."

순정공은 사람들을 모아놓고 노래를 부르게 했다.

거북아, 거북아! 어서 수로를 내놓아라

＊ 헌화가(獻花歌) 꽃을 바칠 때 부르는 노래.

남의 부인을 빼앗았으니,
그 죄가 얼마나 큰 줄 아니?
만일 부인을 내놓지 않는다면
그물로 너를 잡아 구워 먹으리라!

막대기로 언덕을 두드리며 이런 노래를 부르자,
과연 용이 바닷속에서 수로 부인을 업고 나왔다.
　　노인의 말대로 무사히 수로 부인을 구출했다.
용이 사라진 뒤, 순정공이 부인에게 물어 보았다.
　　"놀라셨지요?"
　　"아닙니다. 바닷속에 들어가 보니까 일곱 빛깔
　　의 보배로 지은 궁궐이 있고요, 음식 맛과 향기
　　가 뛰어났습니다."
　　부인의 옷에서 풍기는 향기는 인간 세상의 것이
아니었다.
　　수로 부인은 미모가 뛰어나게 잘생겨서, 그 뒤
에도 산과 내와 바닷가를 지날 때마다 여러 동물
들이 납치해 가는 소동을 빚었다. 순정공은 그 때
마다 많은 사람들을 모아 노래를 불러 부인을 구
출해 냈다.

당나귀 귀 경문왕

김응렴이라는 화랑이 있었다. 그는 18세 때 국선이 되고, 뒷날 신라의 제48대 경문왕이 되었다.

헌안왕 때의 일이다.

왕은 재주가 뛰어난 화랑들을 불러 잔치를 베풀었다. 김응렴은 이 때 스무 살이었다.

"모두 세상을 두루 돌아다녀 본 줄로 아는데, 한 사람씩 좋은 이야기를 해 주기 바라노라."

몇몇 화랑의 이야기 끝에 김응렴 차례가 되었다.

"그대는 어디에 가서 어떤 사람들을 만나 보았는가?"

왕이 묻자 김응렴이 대답했다.

"저는 아주 좋은 세 사람을 만나 보았습니다."

"그래? 그 세 사람이란 어떤 사람들인가?"

김응렴은 그 이야기를 했다. 첫째는 높은 자리에 앉을 만한 사람이 남의 아랫자리에 앉는 사람이라고 했다. 둘째는 부자인데도 검소한 옷차림을 한 사람이라고 했다. 세 번째는 권세가 있는 사람이 그 티를 내지 않고 위엄을 부리지 않는 사람이라고 했다.

이야기를 들은 왕은,

"들고 보니, 과연 그 세 사람은 참으로 훌륭하오."

하고 칭송했다.

"높은 사람일수록 낮은 자리를 선호하고, 부자이더라도 검소하게 살아야 하며, 세력이 있어도 위엄을 부리지 말아야지."

왕은 그런 세 사람뿐 아니라, 그런 세 사람을 발견한 김응렴을 매우 훌륭하게 생각했다. 때문에 이렇게 김응렴에게 물었다.

"내 딸 중 하나를 그대가 아내로 맞을 생각이 있는가?"

"대왕께서 그리하랍시면 그리하겠습니다."

김응렴은 왕에게 감사한 마음으로 절하고 집으로 돌아갔다. 집에 가서 부모님께 그것을 알렸다.

부모님들이 기뻐함은 물론이었다.

"맏공주는 못생기고, 둘째 공주는 잘생겼으니 둘째 공주를 달라고 해라."

김응렴은 대답을 피했다.

낭도들 중에서 김응렴을 존경하는 한 낭도가 있었다. 그는 김응렴이 공주를 아내로 맞게 되었다는 소문을 듣고 집으로 찾아왔다.

"대왕님의 사위가 된다는 게 정말이십니까?"

"응. 정말이네."

"하면, 두 공주 중 어느 공주를 택하시렵니까?"

"우리 부모님께서는 잘생긴 둘째 공주를 맞으라고 하시네. 자네 생각은 어떤가?"

"안 됩니다!"

"왜?"

"못생긴 맏공주를 택하시면 좋은 일이 있을 텐데, 왜 좋은 일을 피하십니까?"

"그렇다면야 맏공주를 맞아야지."

이런 일이 있은 뒤, 왕이 김응렴에게 두 공주 중 하나를 택하라는 전갈이 왔다. 어느 공주를 택해도 좋다는 것이었다. 김응렴은 맏공주를 맞겠다고 전했다.

왕은 기뻐하며 맏공주와 혼례식을 올려 주었다.

그 뒤 석 달이 지나자, 왕은 병이 들어 자리에 눕게 되었다. 왕은 여러 신하들을 불러놓고 유언을 했다.

"나에게는 대를 이을 아들이 없으니, 내가 죽으면 맏공주의 남편 응렴을 왕위에 추대하시오."

유언을 한 이튿날 왕이 세상을 떠나자, 신하들은 모두 김응렴을 왕으로 추대했다. 그리하여 왕족인 김응렴이 경문왕이 된 것이다.

범교사가 왕을 찾아와 말했다.

"제가 좋은 일이 있다는 것은 바로 왕위에 오르시는 일이었습니다."

"고마우이."

경문왕은 범교사에게 높은 벼슬과 재물을 내렸다.

그 뒤, 괴이한 일이 경문왕에게 일어나서 궁인들이 질겁을 했다. 즉, 왕의 침실에 뱀들이 들끓었던 것이다.

"에그……."

궁인들이 뱀을 쫓아내려고 하자, 경문왕이 말렸다.

"내버려 둬라."

뱀이 없으면 잠을 이룰 수가 없다고 했다. 뱀들은 잠을 자는 경문왕을 물기느커녕 잘 덮어 주었다.

또 한 가지, 괴이한 일이 있었다. 경문왕이 임금이 되자, 이상하게 귀가 길어졌다. 마치 당나귀 귀처럼 되어 버린 것이다. 때문에 경문왕은 귀를 덮는 모자를 써야만 했다. 이 사실은 왕후를 비롯하여 아무도 알지 못했다. 왕의 모자를 만드는 장인(기술자)만이 알았다.

"누구에게도 내 귀가 당나귀 귀처럼 길다는 말을 해서는 아니 되느니라."

경문왕이 단단히 일러두었으므로 장인은 꿀 먹은 벙어리처럼 살았다. 한데, 장인은 죽을 때가 되자, 도림사의 대나무 숲을 찾아갔다.

'누가 보거나 듣는 사람이 없겠지?'

장인은 주위를 살펴보고 나서,

"우리 임금님은 당나귀 귀다……. 우리 임금님 귀는 당나귀 귀……."

하고 외쳤다.

하루는 경문왕이 그 부근을 지나가다가 바람이 불자 대나무 숲에서 '우리 임금님 귀는 당나귀 귀다' 라는 소리를 들었다.

'아이쿠!'

놀란 왕은 대나무를 모조리 베어 버리고 산수유를 심었다. 그러자 바람이 불 때는 '우리 임금님 귀는 다' 소리만 들려왔다고 한다. 아니, 잘만 귀를 기울여 들으면, 그냥 '다' 가 아니라 '길다' 라고 들렸다.

용왕의 아들 '처용'

신라의 태평성대는 제49대 헌강왕 때 무르익었다. 거리에는 기와집이 즐비하고 초가집은 깊은 산골에나 가야 구경할 수 있었다.

집집마다 음악이 흘러넘쳤다.

"올해도 비가 알맞게 와 주어서 또 풍년이 들겠네요."

"가뭄도 홍수도 없고, 기후가 알맞아서 놀이를 가기도 좋아요."

사람들은 만나면 웃음꽃을 피웠다.

백성이 태평성대를 구가하므로 왕도 아무 걱정이 없었다. 자고 나면, 오늘은 어디에 가서 놀까 하는 생각이 앞섰다.

"경치가 좋은 곳을 골라 나들이를 해 보세."

왕은 신하들과 행차를 했다. 놀다가 돌아오는 길에 바닷가에서 쉬었는데, 그 때 별안간 구름과 안개가 자욱하게 끼었다.

"날씨가 왜 이렇게 돌변하는고? 도무지 앞이 안 보이는구나."

이상히 여긴 왕이 일관에게 물었다.

"동해의 용왕이 골이 났나 봅니다. 그러니 그 용왕을 위하는 일을 베푸소서."

왕은 신하들에게 외쳤다.

"여기에 용왕을 위해서 절을 하나 지어라……."

용왕이 이 말을 알아듣기라도 한 듯이 구름과 안개가 걷히고 화창한 날씨가 되었다. 이런 일이 있고부터 이 곳을 '개운포(지금의 울산)'라 불렀다.

구름과 안개가 걷히자마자 동해 용왕은 기뻐서 일곱 명의 아들을 데리고 바닷속에서 솟아올랐다. 그들은 왕의 덕을 칭송하며 춤을 추고 아름다운 음악을 연주했다.

또, 용왕은 칠 형제 아들 중에서 한 명을 왕을 따라가 나라일을 보도

록 배려해 주었다.

그 용왕의 아들은 '처용(處容)'이라 했다.

"처용아, 너에게 벼슬을 내리고 미인 아내도 구해 주겠다."

"황송하옵니다."

처용이 동해 바다로 가지 못하게 하려고, 왕은 그에게 급간이라는 벼슬을 주고 미녀의 아내도 맞도록 해 주었다.

인간 세상으로 나와 행복한 생활에 젖은 처용이었다. 그렇지만 그에게 불운이 닥쳤다. 역신*이 그의 아내를 탐하게 되었던 것이다.

처용의 아내가 미인이기 때문에 역신은 반해서 날이 어둡자 그의 집을 기웃거렸다.

'저렇게 잘생긴 여자도 있었단 말인가?'

역신은 사람의 모습으로 변해서 집 안으로 들어갔다. 마침 처용은 친구들을 만나 노느라고 밖에 나가 있었다.

한밤중에 집으로 돌아온 처용은 깜짝 놀랐다.

'아니, 내 아내가 누구랑 이불을 덮고 자고 있어?'

처용은 화가 나고 기가 막혔으나, 한편으로는 자신이 밤늦게 아내를 두고 나가서 놀은 것이 미안했다.

서울 밝은 달빛 아래 밤새워 노닐다가
집에 돌아와 보니, 다리가 넷이구나.
둘은 내 것이지만 둘은 누구 것인가
본래는 내 것이던 것을 빼앗겼으니 어이하리.

처용은 이런 노래를 지어 부르며 집에서 물러 나왔다. 처용의 노래를 들은 역신은 본디의 모습이 되어 용서를 빌었다.

＊ 역신(疫神) 병을 옮기는 귀신.

"역신 주제에 공의 아내가 너무 아름다워서 죄를 저지르고 말았습니다. 한데도 공께서 저를 내버려두시고 노래를 부르며 나가시니, 몸둘 바를 모르겠습니다. 앞으로는 공의 모습을 그린 그림만 보아도 절대로 얼씬거리지 않겠습니다."

그 뒤, 역신은 처용의 집에 나타나지 않았다.

이 사실을 안 신라 사람들은 처용의 모습을 그려서 문에 붙여놓았다. 사악한 귀신을 쫓기 위함이었다.

"처용 그림을 그려 붙이면 복도 받는데……."

이래저래 처용의 그림은 신라의 집집마다 나붙게 되었다.

헌강왕은 동해 용왕을 위해 절을 짓겠다는 약속을 저버리지 않았다. 영취산 동쪽에 좋은 터를 골라서 절을 짓고 '망해사*' 라 하였다.

---

* 망해사(望海寺) 바다가 보이는 절이라는 뜻.

백제의 왕 이야기

백제를 건국한 시조는 '온조'이다.

온조의 아버지는 고구려를 세운 주몽이다. 주몽은 아들 둘을 낳았는데, 맏아들은 비류이고 둘째 아들은 온조였다.

"형님, 우리는 남쪽으로 내려가 나라를 세웁시다."

"그래. 태자가 있으니……."

비류와 온조는 태자 유리가 해칠까 봐 두려워서 마리·오간 등 10여 명의 부하들과 함께 남쪽으로 떠났다. 부하뿐 아니라 많은 백성들이 뒤를 따라 주어서 외롭지 않았다.

"한산*에 도착했으니, 살 만한 땅을 살펴봅시다."

그들은 산에 올라가 사방을 둘러보았다.

온조가 형 비류에게 권했다.

"남쪽 땅은 북에 한수가 있고 기름지며 살 만합니다. 여기에 도읍을 정하는 게 좋을 겁니다."

"나는 바닷가에 가서 살련다."

비류는 듣지 않았다. 따라온 부하들과 백성을 온조에게 나누어 주고 미추홀(지금의 인천)로 가서 도읍지를 정했다.

기원전 18년, 온조는, 강 남쪽의 위례성(남한산 부근)에 자리를 잡아 나라를 세워 '십제(十濟)'라 했다.

미추홀로 가서 자리를 잡은 비류는 도저히 살 수가 없음을 알았다.

"너무 습하고 물이 짜서……."

비류는 백성들을 이끌고 온조를 찾아갔다. 온조는 나라를 세워 백성들을 잘 다스리고 있었다.

---

* 한산(漢山) 한강 유역의 땅.

'아우의 말을 들을 것을……'

비류는 부끄러운 생각이 들어서 스스로 목숨을 끊고 말았다. 따라온 백성들은 온조의 밑으로 들어갔다.

"나라 이름을 '백제' 라 하겠노라!"

온조는 나라 이름을 고쳤다.

백제의 도읍을 지금의 부여인 사비성으로 옮긴 것은 제26대 성왕 때이다. 제13대 근초고왕 때 고구려의 영토를 아우르고 도읍을 북한성으로 옮겨 100여 년을 지냈다. 제22대 문주왕은 도읍을 웅천으로 옮겨 63년을 지냈으며, 성왕 때 소부리로 옮겨 의자왕 때까지 120년을 지냈다.

신라의 김유신과 당나라의 소정방에 의해 멸망당한 백제는 5부가 있었고, 37군과 성이 200여 개가 되었으며, 가호 수는 80만에 가까웠다.

당나라는 백제를 멸망시킨 뒤, 그 땅에 다섯 도독부(웅진, 마한, 동명, 금련, 덕안)를 두었으나, 오래지 않아서 신라의 영토로 흡수되었다.

호암사라는 절에는 정사암이라는 바위가 있었다.

"재상을 뽑아야겠소."

나라에서 인물을 선출하려면 이 정사암으로 왔다. 재상 재목이 될 만한 사람 이름 서너 명을 적어 거기에 있는 상자 속에 넣어 봉해 두었다가, 나중에 열어보면 도장이 찍힌 이름이 나왔다. 그 사람을 재상으로 뽑아 썼다.

백제의 사자수 가에는 용바위가 있다.

"무엇이 바위 위에 꿇어앉은 것 같은 바위야."

"으응, 소정방이 저 바위에서 용을 낚았대."

바위 위에 용이 꿇어앉은 자취가 엿보인다 하여 그 바위를 사람들은 용바위라고 불렀다.

부여에는 세 명산이 있는데, 일산 · 부산 · 오산이 그것이다.

"백제가 한창 번영을 누릴 때는 저 세 산 꼭대기에 신인*이 살았다는 군."

사람들은 이런 말도 했다.

또, 사비수 언덕 위에 '돌석'이라는 것도 있었는데, 왕흥사라는 절에 불공을 드리러 갈 때 이 바위에 이르러 절을 했다고 한다. 그러면 10여 명이 앉을 수 있는 그 자리가 저절로 따뜻해졌다는 것이다.

---

* 신인(神人) 신선.

　남편을 잃은 어느 홀어머니가 서울의 남지라는 연못가에 살았다. 그러던 어느 날, 이 과부는 소스라치게 놀랐다.

　'어머나, 용이 방 안에 들어오다니!'

　과부는 용과 함께 살아서 아들을 낳았는데, 그 아들 이름을 '장(璋)' 이라고 했다. 장은 뒷날 백제의 제30대 무왕이 되었다.

　"서동아……."

　무왕의 어릴 때 이름은 '서동' 이었다.

　"……어린 네가 또 마를 캐러 가니?"

어머니는 눈시울을 붉혔다. 나이도 어린 아이가 마를 캐어 팔아서 어머니와 함께 산다고 해서 서동이라 불렀던 것이다.

"신라 왕의 셋째 공주가 무척 아름답대."

이 말을 들은 서동은 머리를 깎고 신라의 서울로 갔다.

갈 때 서동은 마를 잔뜩 가지고 가서 아이들에게 나누어 주었다. 아이들은 서동을 잘 따르고 말도 잘 들었다.

"너희들, 내가 지은 노래를 부르고 다녀."

그러자 아이들은 너도나도 그러겠다고 했다.

선화 공주님은 남모르게 밤마다
서동과 사랑을 한다네

서동은 이런 동요를 지어 아이들에게 부르게 했다. 이 동요는 널리 퍼지고, 마침내 궁궐에까지 알려졌다.

"허, 이거 참……. 우리 임금 얼굴에 먹칠을 하다니!"

"가만히 있으면 아니 되겠습니다."

신하들은 정말로 알고 왕에게 이 사실을 고해바쳤다. 진평왕은 노발대발하고 나서, 공주를 귀양보내기로 했다.

공주가 궁궐을 떠날 때 왕비가 말했다.

"순금을 잔뜩 가지고 가거라."

귀양을 떠나는 공주는 그것을 보따리에 싸 가지고 궁궐을 떠났다. 그때 도중에 서동이 나타났다.

"공주님을 따라가며 보호해 드리고 싶습니다."

공주는 서동이 믿음직스러워서 허락했다.

두 사람은 함께 길을 걸으며 이런 이야기, 저런 이야기를 했다. 그러다가 정이 들었다.

"제 이름이 서동입니다."

이 말을 들은 공주는 한편으로는 놀라고, 한편으로는 기뻤다.

"어머, 아이들이 부르는 노래가 사실이 되었네요."

"우리 나라로 갑시다!"

서동은 선화 공주를 데리고 백제로 돌아왔다. 선화 공주는 순금덩이를 잔뜩 가져왔다.

"대체 그게 뭐요?"

하루는 서동이 공주가 가진 것을 보고 물었다.

"금덩이예요."

"그것은 뭐 하는 데 쓰나요?"

"이것만 가지면 평생 동안 부자로 잘 살 수 있어요."

"그래요? 내가 마를 캐던 곳에서 그런 게 많이 널려 있는 것을 보았소."

공주는 소스라칠 정도로 놀랐다.

"그것은 보물입니다! 그 보물을 거두어서 우리 부모님이 계신 궁궐로 보내 드리면 어떨까요?"

"그럽시다."

서동은 마를 캐던 곳으로 가서 금덩이를 주워 모았다. 오래지 않아서 그것이 산더미처럼 쌓였다.

"보물이라는 것을 잔뜩 모아놨는데, 어떻게 운반하나?"

"그러게 말이에요."

서동과 공주는 곰곰 생각하다가 용화산의 사자사라는 절로 유명한 스님을 찾아갔다.

"지명 법사님……."

황금을 운반하는 방법을 묻자, 그 스님은 신통력을 써서 운반해 주겠다고 했다.

"그러니 그것을 몽땅 이 절로 가져오시오."

황금을 절의 뜰 앞에 몽땅 갖다놓자, 선화 공주는 편지를 써 놓았다. 지명 법사는 신통력을 부려서 그것을 신라의 궁궐로 옮겨놓았다.

공주가 쓴 편지와 함께 그것을 받은 진평왕은 생각이 달라졌다.

"서동이라는 사람, 보통 사람이 아니군."

그 뒤, 서동은 백성들에게 차차 존경을 받고 인심을 얻어서 왕위에 올라 백제의 무왕이 되었다. 물론, 선화 공주는 왕비가 되었다.

"사자사에 함께 가서 불공을 드려요."

선화 공주(왕비)가 말했다.

"그럽시다."

무왕은 왕비와 절에 행차를 하다가 용화산 아래에 있는 연못에 이르렀다.

"저게 뭐예요?"

왕비가 연못 속에서 나온 것을 가리켰다. 그것은 미륵삼존이었다. 무왕은 얼른 수레를 멈추고 미륵삼존을 향해 고개를 숙였다.

이 때 왕비가 말했다.

"이 연못에 절을 크게 지어요."

무왕이 지명 법사를 찾아가서 물었다.

"연못을 메우려면 어찌해야 합니까?"

"제가 또 신통력을 쓰지요."

지명 법사는 하룻밤 사이에 산을 무너뜨려서 연못을 메워 놓았다. 그러자 무왕은 그 곳에 절을 크게 짓고 '미륵사'라 했다.

미륵사지 석탑

후백제의 건국과 멸망

견훤이 후백제를 세웠다.

그는 서기 867년에 태어났는데, 원래는 성이 이(李) 씨였으나 뒷날 견(甄) 씨로 바꾸었다. 출생지는 경상도 상주 가은현으로 알려져 있다.

"나도 한 번 큰일을 해 보자."

아버지인 아자개는 농부였는데, 포부가 남달랐다. 아자개는 농사를 지으며 군사를 모아 스스로 장군이라 칭했다.

'음, 네 아들 중에서 누가 제일 나은가?'

그는 아들들을 눈여겨보았다. 아들들 모두가 똑똑하고 명성을 날렸으나, 그 중에서도 견훤이 제일 마음에 들었다.

어느 부자가 북촌 마을에 살고 있었다.

하루는 아름답고 정숙한 그의 외동딸이 아버지에게 '밤마다 자줏빛 옷을 입은 남자가 제 방에 와서 자고 간다'고 말했다. 아버지는 기절할 듯이 놀랐으나, 딸에게 이렇게 귀띔했다.

"하면, 바늘에 실을 길게 꿰어 그 남자의 옷에 꽂아라."

딸은 아버지가 일러 준 대로 했다.

새벽이 되자, 실이 딸의 방에서 밖으로 길게 이어져 있었다. 그 실을 따라가 보니, 바늘이 지렁이에 꽂혀 있었다.

"어머나……."

딸은 그 날부터 배가 불러서 임신을 했고, 아들을 낳았다. 이 아들은 체격이 남달랐으며, 자라서 15세가 되어 스스로 장군이라 칭했다. 또, 스스로 제 이름을 견훤이라 했다.

견훤에 관한 출생 전설이다.

또, 어느 역사책에는 다음과 같이 기록되었다.

아자개의 둘째 부인인 남원 부인이 아들 다섯에 딸 하나를 낳았는데,

맏아들이 '훤'이요, 둘째가 장군이 된 능애요, 셋째가 장군이 된 용개요, 넷째는 보개, 다섯째가 장군이 된 소개라는 것이다. 딸은 대주도금이라 불렀다.

견훤의 젖먹이 때 이야기는 너무나도 유명하다.

아버지가 밭을 갈 때, 어머니가 점심을 날라다 주려고 젖먹이 견훤을 숲에 뉘었다. 어머니가 가 보니, 아기를 뉘어 놓은 곳에 호랑이가 떡 앉아 있는 게 아닌가!

"우리 아기를 저 호랑이가 잡아먹었어요!"

어머니는 울고불고 야단이었다.

마을 사람들이 몰려와서 먼발치에 있는 호랑이를 바라보았다. 호랑이는 사람들이 떠들썩하자 슬그머니 일어났다.

"아기가 호랑이 젖을 먹고 있었어요!"

누군가가 소리쳤다.

호랑이는 아기를 잡아먹은 게 아니라, 젖을 먹인 것이다. 사람들은 이 아기가 보통 사람이 아니라고 떠들었다.

과연 견훤은 자라남에 따라 용모가 뛰어나고 용맹을 지녔다. 어딘지 모르는 위엄이 서렸다. 재주가 비범하며 성품이 너그러워 주위 사람들이 우러르고 따랐다.

견훤은 군인이 되었다.

"저 병사는 잘 때에도 늘 창이나 칼을 베고 잔단 말야."

"늘 긴장을 늦추지 않지."

이렇듯 병사로서 남보다 뛰어나서 견훤은 해안 수비대의 모범이 되었으며, 계급이 높아져 비장이 되었다. 그렇지만 간신들이 우글거리는 나라꼴을 보고 큰 뜻을 품었다.

'군사를 모으자!'

견훤은 진성 여왕이 다스리는 신라 조정에 등을 돌렸다.

이 무렵 정치가 문란하고 도적이 들끓었다. 때문에 누군가가 새 지도자가 나와서 백성을 위하기를 바랐던 것이다.

견훤이 군사를 모으니, 한 달도 안 되어 젊은이들이 수천 명이나 모여들었다. 그는 스스로 왕이 되었다. 견훤이 완산주에 이르자, 백성들이 크게 환영하며 우러렀다.

"신라가 당나라 군사들을 불러들여 우리 백제를 멸망시켰다! 이 분노를 내 기어이 씻으리라."

서기 900년, 즉 신라 효공왕 4년에 견훤은 후백제를 세웠다.

후백제의 왕으로서 나라의 기틀을 잡은 견훤은 그 뒤 군사를 이끌고 조물성을 들이쳤다. 고려 태조 왕건은 후백제의 군사와 싸웠으나 그 힘이 만만치 않아서 화친을 맺었다.

이 해에 견훤은 신라의 성 20여 곳을 함락시켰다.

견훤은 다음 해에 신라의 근품성으로 쳐들어갔다. 그러자 신라 왕이 고려 태조에게 구원병을 요청했다.

이에 한 발 앞서서 견훤은 신라의 서울을 짓밟았다. 신라 왕은 포석정에서 잔치를 벌이다가 포로가 되었으며, 견훤은 왕의 조카 김부를 왕으로 세웠다. 신라 왕은 자결했다.

고려 태조는 뒤늦게 기병 5천을 거느리고 돌아가는 견훤을 공격했다가 패하고 말았다. 그렇지만 그 뒤 후백제군은 고려군과 여러 차례 싸워 크게 패했다.

그 뒤 후백제군은 고려군과 많은 싸움을 벌였다. 그 결과 차차 세력이 약해졌다.

어느 날, 견훤은 아들들을 불러놓고 말했다.

"이 아비가 후백제를 세워 세상을 평정코자 했으나, 고려의 힘을 당하지 못하는구나. 가만히 생각해 보니, 우리 후백제의 운이 다한 것 같다. 하늘이 고려의 편으로 돌아서고 있다. 하니⋯⋯."

고려에 귀순하는 게 어떠냐고 물었다.

"아니 되옵니다!"

아들 신검, 용검, 양검이 극력 반대했다.

견훤은 첩이 많아서 아들이 10여 명이나 되었는데, 그 중에서 넷째 아들인 금강을 제일 사랑했다. 금강은 잘생기고 또 지혜가 뛰어났다.

'금강으로 하여금 내 뒤를 잇게 해야지.'

견훤은 이런 생각을 해왔다.

그 눈치를 챈 신검과 용검과 양검은 속으로 못마땅하게 여겼다. 이때 용검은 무주 도독, 양검은 강주 도독이 되어 있었다. 신검만 견훤 옆에 있었다.

"미리 손을 쓰심이 뒷근심을 없애는 일입니다."

이찬 능환이 신검을 권하여 금강을 죽이게 했다. 뿐만 아니라, 신검은 아버지 견훤을 금산사에 가두어 버렸다.

"이제부터는 내가 대왕이니라!"

신검은 감히 아버지의 자리에 앉았다.

군사 30여 명이 견훤을 지켰다. 견훤은 화가 머리끝까지 났다.

"신검 놈이 아비를 가두고 왕이 돼?"

그렇지만 절에 갇힌 몸이라 어찌할 수 없었다.

서기 935년 4월, 견훤은 자기를 지키는 군사들에게 말했다.

"너희에게 술을 빚어 대접하겠다."

군사들은 견훤이 빚은 술에 독이 없음을 알자 너도나도 마구 마셨다. 그렇지만 그 술은 너무 독해서 군사들은 마신 지 얼마 안 되어 취해 쓰러졌다. 그 틈에 견훤은 금산사에서 탈출하여 고려로 도망쳐 갔다. 태조 왕건은 견훤을 반가이 맞아 후하게 대접했다.

태조는 견훤을 북궁에 머물게 하고, 식읍을 내렸으며, 노비 40여 명을 딸려 주었다.

견훤의 사위인 영규 장군이 아내와 의논을 했다.

"대왕께서 아들의 반역으로 왕의 자리를 빼앗기고 절에 감금당하는 처참한 꼴을 당하셨다가 고려로 귀순하셨소. 우리가 대왕에게 반역한 아들을 섬길 수는 없는 게 아니오?"

"그렇지요."

"왕공(왕건)은 후덕하고 어질어서 머지않아 삼한의 주인이 될 것이오. 우리도 그 쪽으로 머리를 돌립시다."

"좋아요! 아버님이 계신 곳으로 가요."

이렇게 하여 영규는 태조에게 사자를 보내어 고려에 귀순하겠다는 뜻을 비쳤다. 사자가 고려에 다녀와서 영규에게 말했다.

"장군께서 오신다면 왕공께서 친히 마중을 나가신다고 합니다."

영규는 군대를 이끌고 고려로 귀순해 갔다.

그 해 6월, 견훤이 왕건에게 말했다.

"저의 소원은 반역한 아들의 목을 베는 일입니다. 대왕께서 하루라도 빨리 원수를 갚아 주십시오."

"때를 기다려 적을 섬멸할 것입니다. 기다려 주십시오."

그리하여 태조는 태자와 술희 장군에게 군사 10만을 주어 후백제를 치게 했다. 뒤 이어, 태조도 3만 군사를 이끌고 나아가 태자가 거느린 군대와 합쳤다. 후백제의 신검 또한 군사를 이끌고 고려군에 대항했다. 두 나라 군대는 내를 사이에 두고 진을 쳤다.

이 때 견훤도 따라와서 태조와 함께 군대를 둘러보았다.

"네 이놈, 신검아! 이 아비에게 어서 와서 무릎 꿇고 항복하라……."

견훤이 외치자, 후백제의 장군 여러 명이 갑옷을 벗어 던지고 고려군에 항복해 왔다. 때를 같이하여 고려군이 공격을 감행했다. 후백제군은 장군들이 항복하자 사기를 잃고 달아나기 시작했는데, 고려군의 추격전이 황산과 탄현까지 이어졌다. 그러자 신검은 두 아우와 능환 등 40여 명과 함께 항복해 왔다. 태조는 능환을 목베게 하고, 나머지는 위로하여 상경토록 했다.

태조가 신검을 살려 주자, 견훤은

"저 원수 놈이 아직도 하늘을 머리에 이고 있구나!"

하고 펄펄 뛰었다.

태조는 항복한 신검이 견훤의 아들이라는 점 때문에 사형만은 면해 주었던 것이다. 견훤은 홧병이 났다. 울화가 치밀어 등창이 나서 황산 절간에 머물다가 서기 936년에 70세의 나이로 세상을 떠났다.

후백제는 그렇게 멸망해 버렸다.

가락국

아직 나라가 세워지지 않은 곳에 아홉 간이라는 사람들이 있었다. 아도간, 여도간, 피도간, 오도간, 유천간, 유수간, 신천간, 오천간, 신귀간이 그들이었다.

이들이 추장으로서 백성을 거느렸다.

서기 42년, 즉 신라 유리왕 19년 봄이었다.

이상한 소리가 울려 퍼져서 사람들은 떼를 지어 그 곳으로 가 보았으나, 아무도 없었다.

"거기에 사람이 있는가?"

이런 소리가 나자 구간들이 대답했다.

"여기 있다."

"여기라는 데가 어디인가?"

"구지(龜旨)이다."

"어서 너희는 흙을 파며 이런 노래를 불러라. '거북아, 거북아, 머리를 내밀어라. 내밀지 않으면 네 머리를 구워 먹는다' 하고. 노래를 부르면서 춤을 추면 대왕을 맞을 것이다."

9간들은 그대로 했다. 흙을 파면서 '거북아, 거북아……' 하고 노래를 부르며 춤을 추었다.

그러자 얼마 뒤에 하늘에서 자색의 줄이 내려와 땅에 닿았다. 그 줄 끝에는 금으로 된 상자가 붉은 보자기에 싸여 매달려 있었다.

"금합 속에 뭐가 들어 있을까?"

사람들이 금합을 열었다.

"둥그런 황금알이다!"

모두 여섯 개가 들어 있었다. 사람들은 절을 하고, 금합을 보자기에 다시 싸서 아도간의 집으로 옮겼다.

다음 날, 그 금합을 열어보았다.

"황금알 여섯 개가 여섯 명의 사내아이로 변했네."

그 사내아이들은 잘생기고 의젓했다. 사람들은 그 아이들을 잘 지키고 돌보았다.

사내아이들은 나날이 무럭무럭 자랐다. 키가 9척이나 되는 아이는 얼굴이 용과 같았다. 눈썹이 8색을 띠었다.

바로 그가 그 달 보름날 왕이 되었는데, 이름을 '수로(首露)'라 했다. 나라 이름은 '대가야' 또는 '가야국'이라 불렀다. 이것이 6가야의 하나이다. 또, 나머지 다섯 사람도 각각 임금이 되고 다섯 가야를 다스리게 되었다.

왕은 궁을 지었다.

"검소하게 꾸며라."

그러느라고 지붕을 풀로 이고, 계단을 흙으로 쌓았다. 계단은 석 자가 넘지 않았다.

이듬해인 서기 43년 정월, 수로왕은 도읍지를 정해야 하므로 임시 궁궐 남쪽으로 행차했다.

"오, 이 곳은 16나한*이 머물 만 한 곳이다."

도읍 터가 정해졌다.

그러자 곧 백성을 동원해서 성 쌓는 일을 시작하고, 왕궁 공사를 벌였다. 이 공사는 서기 44년 2월에 완공되었다. 새 왕궁으로 옮긴 수로왕은 열심히 백성을 다스렸다.

어느 때 9간들이 왕을 찾아왔다.

"대왕께 왕비가 필요하나이다."

9간들은 자신들의 딸 중에서 하나를 뽑아 왕비로 삼으라고 했다. 그

---

* 나한 인간 세상에서 부처를 호위하는 장수.

렇지만 왕은,

　　"내가 여기에 온 것은 하늘의 명에 따른 것이니, 왕비 또한 하늘이 정
　　해 줄 것이오."

하고 사양했다.

　　그 뒤, 왕이 유천간에게 명했다.

　　"배와 준마를 준비해서 망산도로 가 기다리시오."

　　"그리하겠습니다."

　　다음에는 신귀간을 불러 명했다.

　　"승점(부락 이름)에 가서 기다리시오."

　　"분부대로 거행하겠습니다."

　　이런 왕명이 내려진 뒤, 서남쪽 해상에 기이한 광경이 연출되었다.
사람들은 붉은 빛깔의 돛을 단 배를 발견했다. 그 배는 붉은 빛깔의 깃
발을 휘날려서 온통 새빨갛게 보였다.

　　'아, 저 배…….'

　　가야국 수도 남쪽 섬인 망산도에 가서 기다리던 유천간은 횃불을 휘
둘러 신호를 했다.

　　"이리 오시오……."

　　배는 횃불 신호를 보더니 쏜살같이 달려와 멎고, 사람들이 앞을 다투
어 육지에 내렸다.

　　한편, 승점에서 이 광경을 목격한 신귀간이 왕에게 달려가 보고했다.

　　"새빨간 배가 망산도에 당도했습니다!"

　　"오, 그래요? 하늘에서 내린 왕비가 도착했소."

　　왕은 기뻐하며 9간들에게 말했다.

　　"어서 가서 왕비와 상륙한 분들을 궁궐로 모셔오시오."

　　9간들은 지체하지 않고 망산도로 달려갔다.

　　"오신 것을 환영합니다. 저희들을 따라가시지요."

배를 타고 온 왕비 될 여자가 말했다.

"처음 보는 당신들을 어찌 함부로 따라갈 수 있어요?"

"저희 임금께서 기다리십니다."

"어디서 기다리십니까? 기다리시는 곳이 어딥니까? 보이게 해 주세요."

유천간이 얼른 돌아가서 왕에게 왕비 될 여자의 말을 전했다. 왕은 그 말을 듣고 정신이 번쩍 났다.

"그렇지! 궁궐에서 기다릴 것이 아니라……."

마중을 나갔다. 궁궐 서남쪽으로 나아가 산기슭에 행재소*를 마련하여 관리들과 함께 기다렸다.

왕비가 될 여자는 배를 매어 두라고 이르고, 상륙하여 비단 바지를 벗어서 산신령에게 헌사했다. 신하들인 신보와 조광, 노비를 합쳐 일행은 모두 20여 명이나 되었다.

배에 싣고 온 짐도 몽땅 육지에 내려놓았다. 그것은 금은 보석과 패물, 진귀한 물건과 옷이었다.

"준비가 다 되었으면 어서 가시지요."

유천간이 말하자, 배에서 내린 사람들은 행재소를 향해 나아갔다. 왕이 나타나 그들을 정중히 맞았다.

신하들은 배를 타고 온 사람들을 행재소의 방으로 안내했으며, 왕비가 될 여자에게 절을 했다. 또, 왕비가 데려온 두 신하는 각각 행재소의 다른 방에 기거케 했다.

"너희들은 한 방에 대여섯 명씩 들어라."

노예들도 후하게 대했다.

맛있는 음식과 좋은 옷을 받은 노예들을 왕에게 엎드려 절하며 충성

---

* 행재소(行在所) 궁궐을 떠난 임금이 임시로 머무는 곳.

을 다짐했다.

"임금님, 제가 가지고 온 보석과 비단, 옷은 군졸들에게 나누어주세요."

왕비가 말했다.

"고맙소. 한데……."

왕과 왕비는 침실에 들어서 정담을 나누었다.

"……세상에서 제일 아름다운 그대는 대체 어디서 온 누구입니까?"

왕이 묻자 왕비가 조용히 설명했다.

"저는 아유타 국의 공주로, 성은 '허', 이름은 '황옥' 이라 하옵니다."

나이는 열여섯이요, 부왕과 왕후가 이 곳에 보내 주었다는 것이다.

"아버님과 어머님이 꿈에 황천의 상제*를 뵙고 이런 말씀을 들으셨다고 하셨습니다. '가락국 김수로왕은 하늘에서 낸 임금인데, 나라를 세우고 아직 배필이 없으니, 공주를 보내어라.' 라고요."

때문에 아유타 국 임금이 공주를 배에 태워 김수로왕에게 보냈다고 했다. 이 말을 들은 왕은 왕비의 손을 잡고 '잘 왔다' 고 흔들어 주었다.

"나는 공주가 올 것을 태어날 때부터 알고 있었소. 하늘에서 가르쳐 주었으니까요."

신하들이 왕비를 맞으라고 권해도, 그래서 여지껏 혼자 살아왔다고 왕비가 된 공주에게 말했다.

"하늘이 내리신 그대를 맞으니, 나는 이제 더 바랄 것이 없소."

"저도 행복해요."

두 사람은 꿈을 꾸는 듯했다.

"제가 타고 온 배는 아유타 국으로 돌려보내요. 그래야 제가 무사히 목적지에 무사히 도착했다는 기별을 아버님과 어머님이 받을 것 아

* 황천 하늘나라.
* 상제(上帝) 하늘나라를 다스리는 임금.

니에요?"

"그럽시다!"

공주는 편지를 써서 뱃사람 편에 전하도록 했다. 왕은 배에 곡식과 옷감을 잔뜩 실어서 본국으로 보냈다.

왕과 왕비는 행재소의 임시 거처에서 이틀 밤을 묵고 비로소 궁궐로 돌아왔다. 물론, 왕비가 데려온 신하들과 물품도 궁궐로 옮겨왔다. 노예들도 따라오게 했다.

"그대는 당분간 편히 쉬시오."

왕은 시녀를 딸려서 왕비를 궁궐의 본채로 안내했다.

"그대가 데려온 두 신하에게는 각각 집을 한 채씩 내리겠소."

"고맙습니다."

왕은 노예들에게도 거처를 마련해 주고, 좋은 음식을 먹도록 배려했다. 왕비를 맞은 왕은 정사를 은혜롭게 베풀었다.

"9간들을 들라 이르라."

왕은 백관(모든 관리)의 우두머리들을 한 자리에 모아놓고 말했다.

"그대들의 칭호를 좋이 고치리라."

9간들의 칭호와 직제를 새로 고쳤다.

즉, 아도는 '아궁', 여도는 '여해', 피도는 '피장', 오도는 '오상', 유수는 '유공', 유천은 '유덕', 신천은 '신도', 오천은 '오능'이라 칭했으며, 신귀는 글자만 고쳐서 신귀(臣貴)라 했다. 직제는 각간, 아간, 급간 식으로 신라 것을 따랐다.

왕의 이러한 정사로 말미암아 나라의 기강이 서고, 백성이 더 잘 따라 주었다.

"부디 백성을 자식과 같이 돌봐 주오."

왕은 9간들에게 신신당부했다.

"저희는 본래부터 그렇게 해왔사옵니다. 하지만 더욱더 그렇게 백성을 더 잘 돌보겠습니다."

신하들의 정치가 올바르고 후덕하므로, 백성들은 관리들이 위엄을 부리지 않아도 잘 따랐다.

어느 날, 왕은 어느 신하에게 흐뭇한 말을 들었다.

"소신이 궁궐로 오는 길은 흰 모래가 깔리고 잡초나 돌멩이 하나도 보이지 않습니다. 비가 와도 땅이 보송보송하고요."

"어찌해서?"

"알아보니까, 저희 마을에 사는 늙은이가 새벽마다 길을 닦아놓기 때문입니다. 왜 길을 닦느냐니까, '하늘에서 내리신 대왕님과 왕비님을 뵈러 가시는 분의 신이 깨끗해지기를 바라는 마음에서 그런 일을 한다 하옵니다."

"오호! 그 노인을 한 번 만나보고 싶소."

"하면, 내일 함께 입궐을 할까요?"

"아니오. 그렇게 훌륭한 백성은 내가 찾아가 보아야지요."

그 날 왕은 그 신하와 함께 그 노인의 집을 찾아갔다. 한데, 노인의 집이 어찌나 낡았는지 차마 눈을 뜨고 볼 수가 없었다.

"지붕은 풀잎이고, 벽은 황토이고……. 나무 기둥 하나 없고, 문짝 하나 없는 움집이네."

왕이 혀를 끌끌 차자, 신하가 말했다.

"하오나, 안은 어느 집보다 청결하옵니다."

"그런가?"

신하가 그 집을 들여다보자, 노인이 맨발로 기겁을 하여 뛰어나왔다. 왕이 들여다보니, 방 안은 갈대잎으로 엮은 자리를 깔았다.

"아니, 자리가 금빛 은빛이오!"

왕이 놀라서 어찌하여 그러냐고 노인에게 물었다.

"혹시 대왕님께서 지나가시다가 들여다보실까 봐 앉으면 걸레로 닦고, 서면 발다닥으로 문질러서 광이 나는 것이옵니다.”

이 말을 들은 왕은 감격해서 그 노인에게 곡식 몇 가마를 내리라고 신하에게 일렀다.

그 뒤, 신하가 왕에게 이런 말을 했다.

“제가 집에서 궐에 오는 길 양쪽에는 온갖 새들이 날아와 노래를 해 주옵니다.”

“어찌하여?”

“그 이유를 알아보았더니, 길을 닦아 주는 노인이 곡식을 길 양쪽에 뿌려 놓는다는 것입니다.”

“곡식?”

“대왕께서 내리신 그 곡식을 새들과 나누어 먹는다 하옵니다.”

“오호! 그토록 가난한 노인이?”

“노인의 주식은 원래 곡식이 아니랍니다. 산에 가서 칡뿌리를 캐어 먹거나 소나무 껍질을 벗겨 빨아먹는다 하옵니다. 또, 산삼도 캐어 먹는다 하옵니다. 산에 가면 먹을 게 진진하여, 대왕께서 내리신 곡식은 새들과 함께 나누어 먹는답니다.”

“왜 하필이면 그대가 궐에 오는 길 양쪽에 뿌려주오?”

“저를 즐겁게 해 주기 위해서랍니다. 한 나라의 신하가 즐겁게 대왕님을 만나서 일을 해야 백성들에게 좋은 정치를 베푼다는 것입니다.”

“오호……. 혹시 그 노인이 신령이 아니오?”

“보통 사람은 아닌 것 같사오니, 한 번 내막을 알아보겠습니다.”

그 뒤, 신하가 입궐해서 왕에게 말했다.

“찾아가 보니, 노인은 물론 움막이 온데간데없습니다! 신령임에 틀림없습니다.”

“그러면 그렇지!”

다음에는 왕이 입궐한 신하에게 웃음을 함빡 머금고 말했다.

"그 노인이 어젯밤 꿈속에서 찾아왔소. 찾아와서, '다음에는 다른 신하가 궁궐에 다니는 길을 닦으며 산다'고 하오."

"왜요?"

"그대는 백성을 너무 잘 다스려서 이젠 그대 곁을 떠났다오."

"하면, 다른 신하가 누구인지 알아보겠습니다."

그 다른 신하도 9간 중의 한 사람이었다. 이렇게 그 노인은 차례로 신하들을 찾아다니며 길을 닦아주었다. 백성을 잘 다스리라고. 그러던 어느 날, 노인은 마지막 신하의 길을 닦아주고 떠나며,

"임금은 신하를 잘 다스리고, 신하는 백성을 잘 다스려야 나라에 복이 들어와 태평성대를 구가합니다."

하고 말한 뒤 홀연히 무지개를 타고 하늘로 올라갔다.

왕비는 곰의 꿈을 꾸고 아들을 낳았다. 이 아들이 태자 거등공이다. 왕과 왕비는 행복했다.

"우리, 오래 오래 삽시다."

"하지만 제가 먼저 죽을 것 같아요."

왕비의 말이 맞았다. 서기 189년에 왕비가 먼저 세상을 떠나자, 수로왕은 한쪽 팔을 잃은 듯 슬픔을 이기지 못했다.

'나도 왕비를 따라 가야지.'

왕은 그 뒤 10년이 지난 서기 199년에 158세의 나이로 별세하고 말았다.

온 백성들은 왕이 세상을 떠나자 어버이를 잃은 듯 통곡했다. 궁궐 동북방 쪽 평지에 큰 왕묘가 생겼다.

서기 199년에 왕위를 이은 거등왕은 해마다 정월 3일과 7일, 5월 5일과 8월 5일과 15일에 수릉왕묘에 제사를 지냈고, 9대손 구형에 이르기까지 이어졌다.

거등왕은 왕위에 오른 지 39년 만에 세상을 떠났다.

거등왕은 왕비와의 사이에 태자 마품을 낳았으며, 마품왕은 39년 동안 나라를 다스리다가 서기 291년에 세상을 떠났다.

그 뒤, 거질미왕이 왕위를 이어 56년 동안 나라를 다스리고, 뒤를 이은 이품왕은 62년 동안 나라를 다스렸다. 뒤를 이은 좌지왕은 금질이라고도 한다. 그는 서기 407년에 왕위에 올라 용녀에게 장가들어 그 여자의 무리를 관리로 썼다.

"여자들에게 벼슬자리를 주면 아니 되옵니다!"

그러나 왕은,

벼슬자리에 앉은 여자들 때문에 나라가 혼란에 빠져서, 신라가 넘보게 되었다.

박원도라는 신하가 왕에게 간곡히 아뢰었다.

"간신배들을 내쫓으면 나라가 안정될 것이옵니다."

"네 말이 맞다."

왕은 용녀를 귀양 보내고 바른 정치를 폈다. 그러자 나라 안이 화평해지고 백성들이 편하게 살았다. 좌지왕은 15년 동안 나라를 다스렸으며, 그 뒤를 취희왕이 이었다. 취희왕은 31년 동안 나라를 다스렸고, 다음은 질지왕(김질왕)이 왕위를 이었다.

"허 왕후 명복을 빌리라."

질지왕은 왕비가 수로왕과 결혼했던 곳에 왕후사라는 절을 지어 허왕후의 명복을 빌었다. 42년 동안 나라를 다스린 질지왕의 뒤는 겸지왕(김겸왕)이 다스렸다.

겸지왕은 30년 동안 나라를 다스렸다. 이어, 구형왕이 왕위에 올라 42년 동안 나라를 다스렸다. 서기 562년, 신라의 제24대 진흥왕이 군사를 이끌고 가락국으로 쳐들어오자, 왕은 친히 전장에 나아갔다. 그렇지만 군사의 수효가 적어서 신라군을 무찌르지 못했다.

"나라의 운명도 다했구나."

왕은 하는 수 없이 왕자와 장손과 함께 항복한 뒤 신라로 들어가고
말았다.

김수로왕릉

불교 전래

삼국 중 불교가 제일 먼저 전파된 나라는 고구려이다.

서기 372년, 즉 고구려 소수림왕 2년에 중국 전진의 왕 부견이 중 순도에게 말했다.

"불상과 불경을 가지고 고구려에 전하라."

이리하여 중 순도가 불교를 고구려에 전파했다.

또, 소수림왕 즉위 4년에 중국 진나라에서 중 아도가 왔다.

왕이 명했다.

"절을 지어서 중 순도를 머물도록 하라."

이리하여 초문사가 세워졌다.

"아도가 머물 절도 지어라."

이리하여 이불란사가 창건되었다.

고구려의 불교는 이 때부터 전파되어 시작되었던 것이다.

〈해동 고승전〉에는 순도와 아도가 위나라에서 왔다고 했는데, 이것은 잘못된 기록이다. 전진에서 왔다.

또한, 초문사는 지금의 흥국사이고, 이불란사는 지금의 흥복사라고 한 것도 잘못이다.

옛일을 거슬러 올라가 보면, 고구려 시대의 도읍은 안시성(安市城)이다. 이 곳은 안정홀이라고도 하므로 요수(遼水)의 북쪽에 자리잡았다. 요수는 압록이라고도 하며, 지금의 안민강에 해당한다.

이것으로 미루어보아 어찌 송경*의 흥국사가 그 곳에 있겠는가.

이런 노래가 전한다.

＊ 송경(松京) 고려의 도읍, 즉 지금의 개성을 이름.

압록강에 봄빛이 깊어서 풀빛도 곱고
백사장에는 갈매기가 한가롭게 존다.
노 젓는 소리가 들려와 놀라 소리친다.
어느 곳의 고기잡이 배인가, 나그네가 먼저 찾아왔네.

백제에는 제15대 침류왕 때 불교가 전래되었다.
동진에서 중 마라난타가 오자, 왕이 말했다.
"먼 곳에서 온 승려를 궁중에 두어 잘 대접하라."
또, 이듬해에 왕이 말했다.
"한산주에 절을 세워라."
이렇게 하여 승려 10명이 그 절에 기거하니, 이것이 백제에 불교가 전래되어 펴기 시작한 시초이다.
특히, 백제의 아신왕은 이렇게 명했다.
"불법을 숭상하고 믿어 복을 구하라!"
이런 노래가 전한다.

하늘의 이치는 아득한 것이니
잔재주를 부리는 것은 어렵다.
어른들은 노래와 춤으로
사람들을 이끌고 눈을 뜨게 하네.

신라 제16대 눌지왕 때이다.
"이상한 사람이 우리 고을에 들어왔대."
"고구려 사람이라는데, 혹시 첩자가 아닌지 모르겠어."
일선군 백성들이 수군거렸다. 이상하게 여기는 사람은 곧 고구려인인 묵호자였다.

"저희 집으로 오세요."

그 고을 사람 모례가 묵호자를 집 안으로 들인 다음, 굴을 파서 방을 만들어 모시며 극진히 대접했다.

이 무렵, 양나라에서 사자에게 향을 주어 신라에 보냈다.

"대체 이게 어디에 쓰는 무엇인가?"

신라 임금과 신하들은 향을 받아보고 사용법을 몰라서 곤혹을 치렀다. 나라에서는 답답한 나머지,

"이것의 사용법을 아는 사람이 있으면 물어오라."

하고 사람을 시켜 방방곡곡을 돌아다니며 알아보게 했다.

그러던 중 묵호자의 눈에 그것이 띄었다.

"아, 그것은 향이오!"

"향?"

"네. 불을 붙이면 향내가 풍기고, 피운 사람의 정성이 통하지요. 삼보*처럼 신성한 게 없습니다. 향을 피워 기원을 하면 영험을 얻습니다."

그리하여 향의 사용법이 알려졌다.

이 무렵, 신라의 왕녀가 병이 위중해서 근심하고 있었다. 궁중에서 묵호자를 불렀다.

"부디 병이 낫게 기도를 드려 주십시오."

궁중 사람이 원하자, 묵호자는 향을 사르고 부처님께 기원을 했다. 그랬더니 왕녀의 병이 감쪽같이 나았다.

"오호, 과연 향은 영험하기 그지없도다!"

왕은 기뻐하며 묵호자에게 상을 내렸다. 그 뒤, 묵호자는 웬일인지 신라의 땅에서 어디론지 사라져 버렸다.

신라 제21대 비처왕(소지왕) 때였다.

---

* 삼보(三寶) 세 가지 보배로운 것, 즉 부처와 부처님 말씀, 스님을 일컬음.

아도가 세 사람을 데리고 일선군의 모례 집에 나타났다. 그는 묵호자와 비슷하게 생겼는데, 몇 해가 지나자 병에 걸리지도 않았건만 죽어 버렸다.

그러자 그를 따르던 세 사람이 경문과 율법을 가르치니까 사람들이 와서 믿었다.

아도본비라는 책에 이런 기록이 있다.

아도는 고구려 사람이요, 그의 어머니는 고도령이라 했다.

즉, 고도령과 위나라 제왕의 사신으로 온 아굴마 사이에서 난 아들이 아도였다. 어머니는 아도가 다섯 살이 되었을 때 출가*를 시켰다.

아도는 16살이 되자, 위나라로 가서 그의 아버지인 굴마를 만나 화상의 밑에 들어가서 불도를 닦았다. 그리고 나서 19살 때 어머니에게로 돌아왔다.

어머니가 아도에게 이런 말을 했다.

"신라에는 아직 불법이 전해지지 않아서 모른다. 그렇지만 거룩한 임금이 나타나 불법을 크게 일으킬 것이다."

아도는 어머니의 말씀을 경청했다.

"신라 서울에는 절터가 일곱 개가 있다. 너는 그 곳으로 가서 불교를 힘써서 전파하여라."

어머니의 말씀대로 아도는 신라로 들어갔다. 그는 왕궁 서쪽 마을에 거처를 정했는데, 지금의 엄장사 자리이다. 때는 서기 263년, 즉 미추왕 즉위 2년이다.

이 때 아도는 궁궐에 들어가서 불교를 펴려고 했다.

"에그, 불교가 무엇이야? 보지도 듣지도 못하는 것을 어찌 믿으라고……."

---

* 출가(出家) 머리를 깎고 스님이 됨.

사람들은 외면했다.

"요사스런 것을 전하는 자는 없애야 해!"

아도를 죽여야 한다는 사람도 있었다.

목숨이 위태로워진 아도는 일선군의 모록의 집에 가서 숨었다.

미추왕 즉위 3년, 성국 공주가 병이 들었다. 의원과 무당이 와서 병을 고치려고 했으나 고치지 못했다.

"아도를 찾아와라!"

왕이 명령했다.

결국, 아도가 궁궐로 들어가서 공주의 병을 고쳐 주었다.

"너의 소원이 무엇인고? 말만 하면 무엇이든 들어주겠노라."

왕이 물었다.

"저 자신에 대한 소원은 아무것도 없습니다. 천경림에 절을 지어 불교를 크게 일으켜 주십시오. 그리하면 이 몸은 이 나라가 복을 받도록 빌겠습니다."

아도가 말하자, 왕은 이를 허락했다.

"천경림에 절을 크게 지어라!"

지은 절의 지붕은 이 무렵의 검소한 풍습대로 띠풀로 엮었다. 아도는 이 절에 머물며 불교를 강의했다.

"아니, 아도가 불교를 강의하면 때때로 하늘에서 꽃송이가 떨어지니 웬일이오?"

사람들은 놀랐다.

아도가 머무는 그 절 이름을 흥륜사라고 했다.

"저는 아도의 절에 들어가겠어요."

모록의 여동생 사(史) 씨가 집을 나와서 머리를 깎고 여승이 되었다. 이 때 지은 또 하나의 절을 영흥사라고 했다.

미추왕이 세상을 떠나자, 사람들이 수군거렸다.

"아도를 죽여야 해!"

아도는 다시 모록의 집으로 돌아가 목숨을 끊었다.

신라에서는 이후 제23대 법흥왕이 즉위하면서부터 불교가 성했다. 불교는 고구려, 백제에 먼저 전래되고 나중에 신라에 들어왔다고 헤아려진다.

그렇다면 신라의 눌지왕 연대가 고구려 소수림왕 연대와 비슷하므로 아도가 고구려에서 신라로 온 것은 눌지왕 때라고 추측된다. 또, 왕녀의 병을 치료한 일로 미루어보아, 묵호자는 아도의 별명일 것이라는 추측도 할 수 있다.

순교한 이차돈

이차돈은 신라 제23대 법흥왕 때의 젊은 신하이다.

어느 날, 법흥왕이 신하들에게 이렇게 말했다.

"중국 한나라의 명제가 꿈에 하늘의 계시를 받아서 불교가 동쪽으로 들어왔도다. 나는 앞으로 백성들을 위해 복을 닦고 죄를 뉘우칠 곳을 마련하겠노라!"

그렇지만 신하들은 왕의 사려 깊은 마음을 헤아리지 못했다.

"백성을 잘 다스리는 일만이 신하 된 도리이지."

"아무렴."

신하들은 오로지 정치에만 힘을 쏟았다.

왕은 절을 지을 생각조차 하지 않는 신하들을 보고 울적한 마음을 달랠 길이 없었다.

"오, 이를 어쩌나! 내가 덕이 없이 왕위에 올라서 백성을 잘 다스리지 못하는가 보다. 불도에 마음을 둔 나는 누구와 더불어 그 일을 할 것인가."

법흥왕은 탄식했다. 신하 중에 심덕이 깊은 젊은이가 있었다. 나이는 22살이요, 사인이라는 직위에 있었다. 성은 박(朴) 씨이고, 이름은 염촉이라 하는데 이가 곧 이차돈이었다. 이차돈의 할아버지는 아진 벼슬을 가졌던 종(宗)으로서 갈문왕 습보의 아들이다. 아버지는 누구인지 알려지지 않았다. 염촉은 성품이 매우 곧았다.

어느 날, 염촉이 왕에게 아뢰었다.

"옛사람들은 나무꾼이나 목동에게도 뜻하는 일을 물었다고 합니다. 제 뜻을 아뢰겠습니다."

그러자 왕은 염촉의 말을 들으려고 하지 않고 막았다.

"네가 알 바가 아니니라. 물러가라."

왕의 관심 밖이던 염촉은 그래도 머리를 조아리며 충언을 했다.

"나라를 위해 목숨을 아끼지 않는 것은 신하 된 절개이옵니다. 또, 임금님을 위해 목숨을 바치는 것은 백성 된 자의 도리입니다. 임금님의 큰뜻에 위배되었다면 소신의 목을 베소서! 그리하면 백성들이 감히 임금님의 뜻을 어기지 못할 것이옵니다."

피를 토하듯이 염촉이 아뢰었다. 그렇지만 왕은 염촉의 진심을 받아들이려 하지 않았다.

"내 어찌 그런 짓을 할 수 있겠느냐? 불법에 이르기를, 살을 베어서라도 새를 살리게 하라 한다. 죽게 된 짐승은 피를 뽑아서라도 살리라 한다. 하물며 네 어찌 사람을 죽이는 일을 하라 하는가?"

아무리 염촉이 공덕을 쌓는 일을 하려고 해도, 왕은 함부로 목숨을 끊을 수 없다고 했다.

"하오나 이 한 목숨 끊고 백 명의 목숨을 살린다면 이보다 더 좋은 일이 어디 있습니까?"

염촉은 계속 왕에게 충언했다.

"소신이 저녁에 죽어서 아침에 불도가 행해져, 만인이 불도를 따른다면 더 바랄 것이 없겠습니다. 그런다면 임금님의 어진 뜻이 펴지는 게 아니옵니까?"

처음에는 염촉의 말을 도무지 들으려고 하지 않던 왕도 차차 귀를 기울여 진심을 깨달았다. 그리하여,

"오호라! 봉황 새끼는 어릴 때 하늘을 솟구칠 마음을 지니고, 홍혹*의 새끼는 파도를 끊을 기세를 품는다고 했다. 네가 그런 일을 행한다면 큰선비의 행실이라 할 만하다."

왕은 비로소 염촉이 불도를 위해 목숨을 내놓을 각오가 되어 있음을

＊홍혹 홍곡. 큰 기러기와 백조를 가리키며 큰 인물을 비유함.

알고, 신하를 불러들였다.

"형구를 냉큼 갖추어라!"

"무슨 일이 있사옵니까?"

"두고 보면 알 것이다."

왕은 신하들도 모두 불렀다.

"나는 임금이 될 때부터 불교를 널리 퍼뜨리려고 마음먹었소. 한데, 그것이 가당찮다는 소문을 퍼뜨린 자가 있기에, 이 자리에서 물어 목을 베려 하오. 하니, 내가 묻는 말에 추호도 거짓이 없어야 하오."

이 말을 들은 신하들은 난데없는 불똥이 튀기는 것을 막으려고 정신을 바싹 차렸다. 왕은 짐짓 화를 내며 차례로 신하들을 심문했다.

"네가 불교가 가당찮다는 소문을 퍼뜨렸는가?"

"아니옵니다!"

"하면, 네가 나의 뜻을 꺾어버렸는가?"

"신이 어찌 그럴 리가 있겠나이까? 절대로 그러지 않았습니다."

"네가 그랬을 것 같다! 그렇지?"

이번에는 왕이 염촉을 지명해서 닦달했다. 그러자 염촉은 입을 꽉 다물고 아무런 변명을 하지 않았다.

"대답을 하지 못하는 것을 보니, 네가 주동자구나?"

"……."

"네 놈이 불교가 가당찮다고 돌아다니며 주둥이를 놀렸어! 틀림없다."

왕의 억지였다. 신하들은 그것을 알 리가 없었으나, 염촉은 그렇다는 듯 눈을 지그시 감았다.

"저 자를 사형시켜라!"

마침내 왕의 단죄가 떨어졌다.

그러자 염촉은 눈을 뜨고 하늘을 우러렀다.

'이 한 목숨 없어지고, 만방에 불교를 믿는 백성들이 생겨난다면 더 이상 광영이 없다.'

왕이 머뭇거리는 형 집행자들에게 호통을 쳤다.

"무얼 꾸물대느냐? 염촉의 목을 베라 하지 않았느냐?"

그러자 집행 관리들이 염촉을 끌어다가 형구에 매었다. 왕은 차마 그 광경을 볼 수가 없어서 등을 돌렸다. 염촉은 더욱 볼 면목이 없었다.

드디어 집행인이 염촉의 목을 베었다. 순간,

"아……."

하고 사형 집행을 본 사람들의 탄성이 울렸다. 목에서 흰 젖이 한 길이나 치솟았기 때문이다.

뿐만 아니라, 갑자기 맑은 하늘이 캄캄해지고 천둥 번개가 울렸다. 이어, 굵은 빗줄기가 쏟아져 내렸다.

모두 감동했다.

'하늘도 염촉의 사형을 슬퍼하는구나!'

왕의 눈에서 눈물이 비오듯 쏟아졌으며, 신하들은 어린아이처럼 엉엉 울어버렸다. 염촉이 사형을 당한 이후, 괴변이 일어났다.

우물물이 말라서 자라와 고기가 튀어올랐다. 나무가 갑자기 부러져서 원숭이들이 울부짖었다. 염촉의 친구들은 마치 부모의 상을 당한 듯이 며칠을 울며 슬퍼했다. 사람들은 염촉을 북산에 고이 장사지내어 주었다.

'서방님을 위해 절을 지어야지.'

그의 아내는 좋은 터를 골라서 절을 지어 '자추사' 라 했다.

이런 일이 있은 뒤, 백성들은 너도나도 불교를 숭상하며 널리 퍼뜨렸다. 염촉을 흠모하며…….

이차돈

황룡사 9층탑

신라 제27대 선덕 여왕 때이다. '불법을 공부하러 가야지.' 자장 법사는 당나라로 건너가, 중국 오대산으로 들어갔다. 거기에서 문수 보살에게 계시를 받았는데, 그것은 다음과 같다.

"내 말을 잘 들어라."

"네, 보살님."

"너희 왕은 천축*에 있던 찰리족 왕의 핏줄이어서 불기*를 받았다."

그러므로 신라는 다른 오랑캐의 나라와 다르다는 것이었다. 자장 법사는 문수 보살의 말을 듣고 감동을 받아 합장을 했다.

문수 보살의 말이 이어졌다.

"……그렇건만, 신라인들은 산천이 험악하여 사람들의 마음이 비뚤어져서 미신을 믿는 일이 많아졌다."

"그러합니다, 보살님."

"미신을 믿으면 하늘의 화가 미친다."

"지당합니다!"

"하지만 낙담할 것 없다. 신라에는 많은 절과 승려 덕에 임금과 신하가 평안하고 백성이 복을 받아 태평할 것이다."

자장 법사는 이와 같은 문수 보살의 계시를 받고 귀국해서 열심히 불교를 펴리라고 결심했다. 자장 법사는 중국을 두루 돌아보다가, 하루는 태화라는 연못가를 지나가게 되었다.

'아니, 저 사람은 사람 같지 않은데…….'

신인(神人)임이 틀림없는 사람을 본 것이다. 자장 법사는 그 사람을 향해 두 손을 모아 합장을 했다. 범상치 않은 그 사람이 다가오더니 합

＊ 천축 옛날 인도의 이름.
＊ 불기(佛記) 부처.

장을 하고 정중히 자장 법사에게 말을 건넸다.

"무슨 일로 여기에 오셨소?"

자장은 공손히 대답했다.

"불도를 더욱 깊이 깨우치고자 왔습니다."

신인이 또 물었다.

"그대의 나라는?"

"신라입니다."

"어떤 고난이 있는가?"

"저희 나라는 바다 건너 아래에는 왜나라와 접하고, 위로는 고구려와 백제에 접했습니다. 한데, 고구려와 백제가 번갈아가며 침입해서 약탈을 일삼아 백성들이 마음놓고 살 수가 없습니다."

신인은 잠시 생각하더니, 다시 입을 열었다.

"그대의 나라 신라는 여왕을 모시고 있지 않는가?"

"그러하옵니다!"

"하여, 여왕은 덕이 있으나 위엄이 없어서 이웃 나라들이 넘보는 거요."

"잘 알았습니다!"

"그대는 지금 여기에 와서 기웃거릴 틈이 없소. 어서 그대의 나라로 돌아가시오."

"돌아가는 것은 어렵지 않습니다."

자장 법사는 귀국해서 무슨 일을 해야 하는지를 신인에게 물었다. 신인은 신중하게 대답했다.

"황룡사를 지키는 용은 내 맏아들이니, 돌아가서 9층탑을 세우시오."

"탑을 세우면 무슨 좋은 일이 있습니까?"

"나라가 편하오. 또, 이웃 나라가 항복해 올 것이오."

신인은 탑을 건립한 뒤, 팔관회를 열고 죄수들을 풀어주라고 했다. 그러면 적이 침입치 못한다는 것이다.

"그런 다음, 그대가 나를 위해 경기 지방 남쪽에 절을 지어 복을 비오. 내 꼭 은혜를 갚겠소."

자장 법사는 서기 643년에 신라로 돌아왔다.

"9층탑을 세우시면……."

자장 법사가 궁궐에 들어가 아뢰자, 선덕 여왕이 허락해 주었다. 신하들이 탑을 세울 장인(기술자)을 백제에서 청하자고 했다. 그리하여 백제의 아비지 장인이 초청되었다. 탑을 세울 돌과 나무 따위를 준비한 뒤, 신라의 보조 장인 2백여 명이 아비지를 도왔다. 아비지는 탑 꼭대기의 찰주*를 세우던 날 깜박 잠이 들었다가 소스라쳐 일어났다.

"이런, 세상에……."

백제가 망하는 꿈을 꾼 것이다.

'찰주를 세우면 아니되겠구나!'

아비지는 자기 나라가 망하는 불길한 징조를 당했으므로 일을 계속할 수가 없었다. 한데, 별안간 지축이 울리고 캄캄해지더니, 한 노승이 힘센 장사를 데리고 나타나 찰주를 세우는 게 아닌가.

그런 다음, 노승과 장사는 눈 깜짝할 사이에 사라졌다.

'백제가 망하는 것은 하늘의 뜻이로구나.'

아비지는 일을 계속하여 9층탑을 완성시켰다.

고구려의 왕이 신라를 정벌할 계획을 세웠다가 취소했다. 신하가 왕에게 취소한 이유를 물었더니, 고구려 왕이 이렇게 대답했다.

"신라에는 그 어느 나라도 범하지 못할 세 가지 보물이 있다. 그것은 황룡사의 장륙존상, 그리고 9층탑, 하늘이 내려준 진평왕의 옥대이다."

탑을 세우니, 정녕코 온 나라가 태평해졌다. 신라가 삼국을 통일했으니, 실로 황룡사 9층탑의 능력이 대단하지 않을 수가 없다.

---

* **찰주**(刹柱) 아홉 층의 둥근 돌.

불산 이야기

신라에는 '사불산', '굴불산', '만불산'이 있었다.

서기 624년, 즉 진평왕 즉위 46년이었다.

"하늘에서 바위가 떨어졌다!"

사람들은 놀랐다.

그 바위 사면에 석가여래불의 모습이 새겨져 있었는데, 붉은 비단으로 둘러싸였다. 왕이 말했다.

"그 진기한 것을 가 보리라."

왕은 찾아가서 그 여래상 조각 바위를 경배했다. 그런 다음, 왕은 바위 곁에 절을 세우라고 했다.

세워진 절 이름은 '대승사'라 이름지었다.

그 절에 비구 승려를 두어 하늘에서 떨어진 바위를 정갈하게 모시도록 했더니, 매일 향불이 번졌다.

사람들은 그 산을 사불산(역덕산)이라 불렀다.

어느 때 비구 승려가 죽었다. 사람들은 그 승려를 터 좋은 곳에 장사 지내어 주었다.

그랬더니 그 비구 승려의 무덤 위에 연꽃이 피었다.

"오, 지극 정성으로 사불사를 위하더니……."

사람들은 연꽃을 보고 감탄했다.

신라 경덕왕 때이다.

"오, 저기 백률사가 보이는군."

하루는 왕이 그 절로 향하다가 산 밑에 이르렀다. 한데, 이상한 소리가 들려서 왕은 행차를 멈추게 했다.

"대체 이게 무슨 소리냐?"

"염불을 외는 소리입니다."

그 소리는 땅 속에서 들렸다.

"땅을 파 보아라!"

땅을 파 보니, 그 속에는 커다란 바위가 들어 있고, 사면에 불상이 조각되어 있었다.

"이 자리에 절을 세워라."

왕이 세우게 한 그 절이 '굴불사'였다. 또, 산 이름도 굴불산이라고 했다. 그렇지만 뒷날 '굴석'이라고 와전되기도 했다.

하루는 경덕왕이 신하에게 물었다.

"당나라의 대종 황제가 불교를 매우 숭상한다고 하는데, 그게 사실인 고?"

"사실이옵니다."

"하면, 대종 황제를 놀라게 해 줘야겠다."

왕은 장인을 불렀다.

"오색 옷감을 짜라."

그런 다음, 나무에 산을 조각하고, 구슬과 옥으로 장식해서 오색 천 위에 놓았다. 산에는 험한 바위, 굴, 사람들이 춤추며 노래하는 모습도 새기도록 했다. 벌과 나비, 제비와 참새도 그려 넣었다.

또, 거기에 일만의 불상도 안치했다. 그 크기가 각각 달랐다. 바로 이 산이 '만불산'이다.

오색 수실이 달린 깃발과 불상을 가리는 우산 또는 양산, 나무와 꽃, 열매 따위를 만들어 으리으리하게 장식했다. 누각과 정자도 만들어 세워 놓았다. 크기는 실물에 비할 바가 아니게 작으나, 그 모양은 실물과 똑같았다.

앞에는 비구들의 광경이 1천 명이 늘어서 있고, 아래에는 종 세 개를 배열해 놓았다. 종에는 갖가지 진기한 것을 조각했다.

바람이 불면 종이 울리게 해놓았다. 종에서 불경 읽는 듯한 소리도 들리게 해놓았다.

완성된 만불산 작품을 당나라 대종 황제에게 바쳤다.

"오, 이것이 일만 불상이 있다는 만불산인가?"

당나라 대종은 신라인의 솜씨야말로 하늘의 솜씨라고 극찬했다.

"내 여기에 구광선*을 꽂아 놓겠다."

산의 바위 사이에 꽂아놓은 그 부채를 불광*이라고 불렀다.

4월 8일이 되었다.

"모든 승려들을 대궐로 들어오게 하라!"

당나라 대종이 명했다.

"무슨 일이 있나?"

승려들은 궁금해서 대궐로 모여들었다. 당나라 대종이 그들에게 명했다.

"신라에서 보내온 이 만불산에 예불을 드려라."

만불산을 본 사람마다 찬탄을 금치 못했다. 어느 승려는 하늘에서 내린 산이라고도 했다.

---

* **구광선**(九光扇) 아홉 가닥으로 접은 부채.
* **불광** 부처님에게서 비치는 빛.

흥륜사의 벽화

신라 제54대 경명왕 때이다.

"불이야, 불……."

"절에 불이 났다!"

사람들이 외치며 너도나도 쫓아가서 불을 껐다.

흥륜사에 불이 났는데, 남쪽 대문과 행랑채가 불에 타버렸다. 그 뒤 불에 탄 것을 짓지 못했다.

"여보게, 불탄 것을 새로 지어야지."

"그러게 말야."

정화와 홍계 두 스님은 사람들에게 도움을 청해서 타버린 데를 다시 짓기로 했다.

서기 921년, 즉 경명왕 즉위 5년 5월 15일이었다.

"아니, 이게 웬일이야? 오색 구름이 절을 뒤덮었잖아?"

"절에서 향내가 풍기니……."

사람들이 절을 쳐다보고 떠들었다. 그도 그럴 것이, 부처께서 절에 내려와 열흘 간 머물렀던 것이다.

탑을 비롯해서 나무와 풀, 돌, 흙에 이르기까지 향내가 나고, 아름답게 빛났다. 연못에서는 어룡이 나와 춤을 추었다. 사람들이 구름같이 모여들어서 그 광경을 넋이 빠진 듯이 쳐다보았다.

"상서로운 일을 보고 가만히 있을 수 없어."

"맞아! 하늘에서 복이 내리려는 거야."

사람들은 금은은 물론, 곡식과 베 따위를 갖다가 절 앞에 놓았다. 얼마 안 가서 그것이 산더미처럼 쌓였다.

"이것으로 불탄 곳을 다시 지을 만하네."

정화와 홍계는 기뻐 어찌할 바를 몰랐다.

“일을 할 장인들을 모아야겠어.”

한데, 그들이 스스로 절을 찾아와서 일해 주겠다고 했다. 그리하여 흥륜사의 불탄 남쪽 대문과 행랑채가 며칠 안 가서 말끔하게 지어졌다.

부처가 떠나려고 했다.

정화와 홍계가 부처께 나아가 말했다.

“가시려면, 부디 그 모습을 남겨두십시오.”

“모습을 남겨두시면 저희 인간 세상이 편해질 것입니다.”

부처가 말했다.

“너희는 나보다 나은 보현 보살의 상을 그려 경건하게 모셔라.”

정화와 홍계 두 스님은 부처의 말씀에 따랐다. 보현 보살의 상을 벽에 그려 모셔서 흥륜사 벽화로서 길이 보전되었다.

경주 천마총 고분 벽화

사리와 부처 어금니

서기 643년, 즉 신라 선덕여왕 12년에 자장 법사가 당나라에서 사리 100개를 가져왔다. 사리란 원래 부처나 성자의 유골을 뜻하는데, 일반적으로는 불교식으로 화장하고 나서 사체에서 나오는 작은 구슬 모양의 것을 가리킨다.

사리 외에도, 자장 법사는 불타의 머리뼈와 어금니, 금점이 박힌 희귀한 가사* 한 벌도 가져왔다.

자장 법사가 가져온 사리 100개는 황룡사 탑, 태화사 탑, 통도사 계단*에 세 몫으로 나누어 봉안했다.

통도사의 계단은 두 층이다.

"저 위층 한가운데에 사리가 들어 있대."

사람들은 통도사 계단 앞에 가면 이런 말을 했다.

"위층 한가운데에는 가마솥을 엎어놓은 것처럼 돌뚜껑이 안치되어 있다는데?"

"그 안에 사리가 들어 있을 거야."

사리에 대한 호기심이 많은 사람들은 그것을 한 번 구경하고 싶은 본능이 일지만, 대단히 영험한 것이어서 누구도 감히 손을 뻗치지 못했다.

고려 초기였다.

"여보게, 통도사까지 왔으니, 계단을 구경하지 않을 수가 없지."

두 지방 관리가 속삭였다.

"아무렴!"

관리들은 계단 앞으로 와서 또 이렇게 소곤거렸다.

---

* 가사 스님의 옷.
* 계단(戒壇) 스님이 될 때 선서하는 곳.

"우리, 저 위층의 한가운데를 좀 들여다보세."

"돌뚜껑 속의 사리를 구경하자는 말이지?"

"벼락이 떨어질까?"

"공손히 예를 드리고 열면 부처님이 용서해 주실 거야."

그리하여 두 관리는 계단에 정중히 예를 올리고 나서 돌뚜껑을 열어 보았다.

"이크!"

그들은 동시에 놀라 자빠졌다.

"엄청 큰 구렁이가 들어 있지?"

"혀를 날름대어서 나는 잡아먹히는 줄 알았네."

두 관리는 줄행랑을 치고 말았다. 이 소문이 파다하게 나돌았다. 또, 어떤 사람은 돌뚜껑 안에 커다란 두꺼비가 앉아 있는 것을 보았다고도 했다.

이런 이야기가 세상에 퍼진 뒤로는 아무도 돌뚜껑을 열어볼 엄두를 내지 못했다.

그 뒤, 장군 김리생과 시랑 유석이 낙동강 부근을 지키게 되었다.

하루는 두 사람이 통도사에 와서 돌뚜껑을 쳐들어보려고 하자, 절의 승려들이 구렁이와 두꺼비 이야기를 해 주며,

"아니되오!"

하고 말렸다.

그래도 두 사람은 군사들을 시켜서 돌뚜껑을 열어보게 했다. 그 순간 주위 사람들은 잔뜩 긴장했다.

"작은 돌상자가 있습니다."

군사가 말했다.

돌상자 안에는 유리통이 있었으며, 그 속에서 사리 단지 네 개가 나왔다. 모두 경건하게 경의를 표하며 그것을 구경했다.

또, 유석은 수정함을 절에 시주하여 잘 보관토록 했다.

서울을 강도(강화도)로 옮긴 지 4년째 되었을 때이다. 고려에 오는 원나라 사신들은 그 계단을 다녀갔으며, 불자들이나 도인들이 수도 없이 찾아와 참배를 했다.

자장 법사뿐 아니라, 몇몇 사람이 당나라에 갔다가 부처의 어금니를 가져오기도 하고, 나한상을 가져오기도 했다.

의상 법사가 당나라에 건너갔을 때, 종남산의 지장사에 머무는 지엄 존자에게 가 있었다. 이 때 이웃에 선율사라는 이가 있었다.

선율사는 식사때마다 하늘에서 보내오는 음식을 먹었다.

"나와 식사를 함께 합시다."

하루는 선율사가 의상 대사를 불렀다. 한데, 아무리 기다려도 하늘에서 음식이 내려오지 않았다.

"이상타, 이상해."

선율사는 난감했다.

"저는 이만 가 보겠습니다."

의상 법사는 멋쩍어서 물러났다. 그가 돌아가자, 비로소 하늘에서 사자가 선율사에게 내려왔다.

"어찌된 일이오?"

왜 늦었냐고 묻자, 사자가 대답했다.

"음식을 가져오는데, 골짜기에 신병*들이 앞을 가로막아서 올 수가 없었습니다."

선율사의 머리에 번개같이 스치는 생각이 있었다.

'옳아! 그렇다면 신병들이 의상 법사를 호위하고 있어.'

그러니 도가 자기보다도 의상 법사가 높다는 인식을 하게 된 것이다.

＊신병 신비한 군사.

선율사는 하늘의 사자가 가져온 음식을 먹지 않고 잘 두었다.

이튿날, 선율사가 아침 식사를 함께 하자고 의상 법사를 불러서 하늘의 사자 이야기를 했다.

"나보다도 법사님의 도가 더 낫습니다."

의상 법사는 정색을 했다.

"아이구, 아닙니다. 율사께서는 이미 천제로부터 보호를 받고 있습니다. 제석궁*에 마흔 개 부처님 이(치아) 중 한 개가 있다는 말을 들었습니다. 율사께서 상제께 부탁해서 그 이를 인간 세상에 내려 복을 내리게 하심이 좋을 듯싶습니다."

선율사는 의상 법사의 그 말을 하늘의 사자에게 말해서 상제가 듣도록 했다. 상제는 의상 법사에게 그 이를 보내 주고, 의상 법사는 그것을 당나라 궁궐 안에 봉안했다. 이런 일이 있은 뒤, 송나라 휘종 황제 때 모두 도교(道敎)를 믿게 되었다. 한데, '금인이 나라를 망하게 한다'는 유언비어가 나라 안에 떠돌았다. 도교를 믿는 사람들이 일관을 불러 말했다.

"금인이란 불교를 말하오."

그들은 일관을 충동질해서 이 엉터리 사실을 황제에게 알리도록 했다. 송 황제는 즉시 신하들과 의논했다.

"나라를 망하게 하는 불교를 미리 손을 써서 배척합시다!"

중들을 땅에 묻고, 경전을 불사르자고 했다.

"부처의 어금니는 배에 실어서 바다에 띄우고……."

마침내 부처의 어금니를 배에 실으려고 했다. 바로 그 때 송나라에 온 고려의 사신이 관리에게 비단옷 수십 벌과 모시 수백 필을 주고 말했다.

"부처님 어금니를 저에게 주오."

---

* 제석궁 신이 거처한다는 궁전.

관리는 뇌물을 챙기고 빈 배만 띄웠다. 고려로 돌아온 사신은 부처의 어금니를 예종 임금에게 바쳤다.

"참 좋은 일을 하였소. 십원전 왼쪽 전각에 부처님 이를 봉안하시오."

예종은 매우 기뻐했다.

예종은 이따금 거둥을 하여 그 전각에 참배했다.

뒷날 몽고의 내침이 있었다. 그리하여 도읍을 강화도로 옮겼는데, 부처의 어금니를 그대로 놔두었다. 또, 그 뒤인 고종 임금 때 신효사에서 온 온광 스님이 부처의 어금니에 치성을 드리겠다고 했다.

"잘 찾아보아라."

왕이 신하들에게 명했다.

"아무리 찾아보아도 없습니다!"

신하들이 말했다. 궁궐의 기록문을 쳐들어보니, 그 이는 이백전이라는 사람이 받았다는 사실이 적혀 있었다. 신하들은 즉시 이백전을 찾아가 그것을 물었다.

"글쎄요, 집안을 한 번 살펴보겠습니다."

이백전은 그것을 찾지 못하고 김서룡이 가져갔다는 증서만 보았다. 신하들은 다시 김서룡을 불러 물어 보았다.

"잘 모르겠는데요."

그리하여 부처의 어금니는 행방이 묘연했다. 그로부터 사흘이 지난 날 밤, 김서룡의 집 안에 무엇이 떨어지는 소리가 났다. 김서룡이 나가서 보니, 부처 어금니가 든 상자가 떨어져 있지 않은가!

"이게 웬일이야?"

김서룡은 유리함 속에 든 부처 어금니를 대궐로 가지고 가서 임금에게 바쳤다. 임금은 십원전 안에 불아전(부처 어금니를 모신 집)을 지어 그것을 봉안했으며, 엄중히 지키게 했다.

진자와 미시랑

신라 제24대 진흥왕은 즉위하여 이렇게 신하들에게 명했다.

"불교를 받들어 널리 절을 짓고, 백성들이 잘 믿게 하라!"

백부인 법흥왕의 뜻에 따른 것이다. 또한, 진흥왕은 아름다운 처녀들을 선발해서 원화(原花)라 하여 그 아래 무리를 모으게 했다. 이들을 효자와 충신으로 육성시킬 생각이었다. 그 시초로 남모랑과 교정랑 두 원화가 뽑혔다. 그랬더니 그 아래에 수백 명의 무리가 따랐다.

한데, 남모랑을 교정랑이 질투를 했다.

"제가 잘났으면 얼마나 잘났다고, 흥!"

교정랑은 남모랑을 꾀어 술을 먹였다. 남모랑이 술에 취해 집으로 돌아갈 때 뒤쫓아온 교정랑이 돌로 뒤통수를 때려 죽이고, 북쪽 냇가에 묻어 버렸다.

"아, 남모랑이 어디 있지?"

그 밑을 따르는 아랫사람들이 찾았다.

교정랑의 악행을 아는 사람이 있었다. 그는 동요를 지어서 아이들에게 부르게 했다.

교정랑이 술을 먹여 죽여서,
북쪽 냇가에 남모랑이 묻혀 있다네

남모랑의 무리가 이 동요를 듣고 북쪽 냇가에 가서 시체를 찾았다.

"나쁜 여자!"

무리들은 교정랑을 죽여 버렸다.

"오, 여자들은 질투가 너무 강해."

진흥왕은 이런 일이 있은 뒤에 원화 제도를 없애버렸다. 그리고 나서 새롭게 마련한 제도가 곧 화랑 제도이다. 여자 대신 남자를 뽑아서 '화랑'을 삼았던 것이다.

화랑의 우두머리를 국선이라 했는데, 최초의 국선은 설원랑(雪原郞)이다. 이런 일이 있은 뒤, 사람들은 선을 좇아서 윗사람을 공경하는 새로운 기풍이 일어났다. 화랑 중에는 충신도 많이 나왔다.

진지왕 때 흥륜사에 진자라는 스님이 있었다. 진자승은 매일 미륵상 앞에 나아가 빌었다.

"대성*이여, 화랑이 되어 세상에 모습을 드러내소서."

그런다면 자신이 시종이 되겠다고 했다.

어느 날 밤에 진자승의 꿈 속에 한 스님이 나타났다.

"웅천의 수원사로 가면 미륵 선화를 볼 것이다."

꿈을 깬 진자승은 너무나 기뻐서 열흘 동안 절을 하며 길을 걸어서 수원사에 닿았다. 그랬더니 절 앞에서 미소년이 기다리고 있다가 진자승을 맞아 주었다.

"나를 처음 볼 텐데, 어찌하여 이토록 환대하오?"

진자승이 물었다.

"먼 곳에서 스님이 오신다는 것을 알았기 때문입니다. 저 역시 서울 사람입니다."

말을 마친 소년은 눈 깜짝할 사이에 온데간데없이 사라져 버렸다. 진자승은 절로 들어가 그 곳 스님에게 꿈 이야기를 했다.

"미륵 선화를 만날 수 있는지요?"

스님이 말했다.

"남쪽으로 더 가면 천산이 있으니 거기로 가 보오."

진자승은 천산을 찾아갔다. 절 아래에 웬 노인이 있다가 물었다.

---

*대성 큰 성인.

"어인 일로 여기에 왔소?"

"미륵 선화를 뵈려고요."

"하면, 수원사 입구에서 미륵 선화를 보았을 텐데……."

진자승은 깜짝 놀랐다. 소년이 생각난 것이다. 진자승은 후회를 하며 흥륜사로 돌아왔다. 그 뒤, 한 달 가량 지났을 때 진지왕이 소문을 듣고 진자승을 불렀다. 진자승은 자신이 겪은 이야기를 낱낱이 이야기했다.

"소년이 서울 사람이라고 했다고?"

"네, 그렇습니다."

"하면, 성 안을 찾아보면 되지 않소? 성인은 원래 거짓말을 안 하니, 찾아보면 있을 것이오."

"그렇군요!"

진자승은 왕의 말이 옳다고 여겨서 곧 성안을 두루 찾아다녔다. 그러던 어느 날, 진자승은 영묘사 동북쪽 길에서 잘생긴 소년을 보았다.

'저 소년이 바로 그 때 본 미륵 선화다!'

진자승은 속으로 놀라서 소년의 집이 어디며 이름이 뭐냐고 물었다. 소년은 아주 어릴 때 부모님이 돌아가셔서 성은 모르고 이름만 안다고 했다. 이름은 '미시'라고 했다.

진자승은 미시를 궁궐로 데려가 왕을 뵙게 해 주었다.

"음, 아주 잘생긴 미소년이야!"

왕은 미시 소년을 국선으로 삼았다.

미시 화랑은 많은 낭도들에게 우러름을 받았으며, 7년 동안 이름을 드날렸다. 그러다가 어느 날 갑자기 세상에서 사라졌다.

'예의와 가르침이 남달랐는데…….'

진자승은 미시의 가르침을 행하며 열심히 불도를 닦아 명승이 되었다. 한데, 진자승 역시 행방을 감추어 찾을 길이 없었다. 그를 사모하는 사람들은 서운해서 눈물을 흘리며 지냈다.

노힐부득과 달달박박

 신라의 북쪽에 백월산이 있었는데, 특히 산봉우리가 빼어났다. 또 길이가 수백 리나 뻗쳤다.
 그러므로 그 산에 얽힌 이야기도 많이 전해 내려온다.

 당나라 황제가 연못을 팠다.
 "아니, 이 연못에 산이 비치다니……."
 황제는 놀라워했다.
 보름날이 가까워질 때 연못에 산이 비치고, 사자처럼 생긴 바위가 보였던 것이다. 황제는 기이하게 여겨 화공을 불러서 그 산과 봉우리를 그리게 했다. 그런 다음, 황제는 그 그림을 사자에게 주어서,
 "그림과 꼭 같은 산을 찾아내어라."
하고 일렀다.
 사자는 해동(海東) 땅에 이르러 마침내 그 그림과 닮은 산을 찾아냈다.
 '연못에 비친 산이 바로 이 산이야!'
 산봉우리에 커다란 사자 바위가 있었던 것이다. 그림과 대조해 보니 꼭 같았다.
 '증거로 표시를 해 두어야지.'
 사자는 신 한 짝을 벗어서 사자 바위 위에 걸어놓고 당나라로 돌아가서 황제에게 아뢰었다.
 "그게 정말로 연못에 비친 산이냐?"
 "틀림이 없습니다."
 연못을 들여다보니, 신기하게도 사자가 벗어놓은 신 한 짝이 사자 바위 위에 걸려 있었다.

"오호라! 이 산을 백월산(白月山)이라 부르겠노라."

한데, 산 이름을 지은 뒤로는 연못에 그 산이 두 번 다시 비치지 않았다. 백월산 부근에 선천촌이라는 마을이 있고, 거기에 두 젊은 친구가 살았다. 한 사람의 이름은 노힐부득이고, 또 한 사람은 달달박박이었다. 노힐부득 아버지는 월장, 어머니는 미승이었으며 달달박박 아버지는 수범이고 어머니는 범마였다.

"우리 세상에서 큰일을 한 번 하세."

"암, 그래야지."

두 친구는 재주가 뛰어났다.

어느 날, 두 친구는 머리를 깎고 스님이 되었다. 그런 다음, 치산촌 법종곡의승도천으로 갔는데, 한 사람은 대불전이라는 마을에 살고 한 사람은 소불전이라는 마을에 살았다.

두 친구 모두 아내를 얻고 자식을 두었다. 자신들은 각각 절에 들어가 살고, 아내와 자식은 마을에 살게 했다. 노힐부득은 회진암, 달달박박은 유리광사라는 절에 머물며 불도를 닦았다.

세상살이가 덧없음을 안 두 친구는 의논을 했다.

"우리가 불도를 닦을 바에야 부처가 되어야 하는데, 속세를 버리지 못하니 이 어찌 부끄럽지 않겠나?"

"자네 말이 맞아. 우리가 남다르게 살려면 깊은 산골로 들어가 숨어 사는 게 좋겠어."

두 친구는 그렇게 마음을 합쳤다.

어느 날 밤, 두 친구는 똑같은 꿈을 꾸었다. 서쪽에서 흰 빛이 비쳐오더니 금 빛깔의 팔이 두 사람의 머리를 쓰다듬어 주었다. 두 친구는 꿈 이야기를 하고는 너무나 신기해서 백월산 무등곡으로 들어갔다.

"나는 나무로 집을 지을 테야."

달달박박은 백월산 북쪽 사자 바위 위에 나무를 엮어서 집을 지어 살고, 노힐부득은 동쪽의 바위 아래 물이 흐르는 돌 틈에 집을 지었다. 그런 뒤 두 친구는 열심히 불도를 닦았다.

3년의 세월이 거의 다 지난 어느 날 저녁때, 아름다운 여인이 달달박박을 찾아와 암자에서 하룻밤 자고 가게 해 달라고 했다.

"불도를 닦는 데 와서 여자가 자겠다니, 아니 될 말이오!"

달달박박은 다른 데로 가 보라고 했다.

여인은 다음에 노힐부득이 도를 닦는 곳으로 가서 역시 하룻밤 자고 가게 해 달라고 청했다.

"날이 저물었는데, 그대는 대체 어디서 왔소?"

노힐부득이 묻자 여인이 대답했다.

"제가 사는 곳은 하늘과 땅 사이라오. 다만, 스님이 뜻이 크시니, 제가 소원을 이루게 도와 드리고 싶습니다."

"어찌 불도를 닦는 곳에 여인이 와서 자리를 더럽히려 하오? 하지만 날이 어두웠으니, 쫓아버릴 수도 없군요."

노힐부득은 여인을 암자 안으로 안내해서 자고 갈 자리를 정해 주었다. 그러고 나서 그는 열심히 염불을 했다.

밤이 깊어지자, 여인이 말했다.

"저는 임신을 하여 출산을 해야 합니다. 산기가 있으니 자리를 좀 깔아 주십시오."

노힐부득은 놀랐으나, 출산이 임박한 여인의 청을 들어주지 않을 수 없었다. 여인은 아기를 낳았다.

"목욕을 하고 싶습니다."

여인이 청하자, 노힐부득은 통에 더운물을 준비해 갖다 주었다. 여인이 통 속에 몸을 담그니까 물이 금빛으로 변했다.

"스님도 이 물에 목욕을 하세요."

여인이 권해서 노힐부득은 통 안으로 들어가 몸을 씻었다.

그랬더니 몸이 금빛으로 변하지 않는가.

옆에는 연대가 보였다. 여인은 노힐부득에게 연대 위로 올라가 앉으라고 권했다. 그런 뒤,

"나는 관음 보살입니다."

하고 말했다. 노힐부득의 높은 뜻을 이루어 주려고 찾아왔다는 것이었다. 여인은 이 말을 하고는 홀연히 사라져 버렸다.

날이 밝자, 달달박박은 노힐부득이 있는 곳으로 갔다.

'그는 필연코 여인을 잠자리에 들였을 거야.'

친구를 놀려 줄 심사였다.

달달박박은 노힐부득이 기거하는 암자로 가서 안을 들여다보고 기절할 듯이 놀랐다. 왜냐 하면, 그 안에 이미 미륵존상이 된 노힐부득이 연대 위에 앉아 있었던 것이다.

달달박박은 그 미륵존상에 예를 올리고 나서 어떻게 된 일이냐고 물었다. 노힐부득은 자초지종을 말했다.

"아! 나는 마음이 좁아서 관음 보살을 눈앞에 보고도 물리쳤군."

한탄을 한들 때는 이미 늦었다.

"그대는 마음이 넓어서 나보다 먼저 성불(부처가 됨)했네."

달달박박은 노힐부득에게 우정을 생각해서 저도 성불이 되게 도와달라고 부탁했다.

"통 안의 금물에 목욕을 하게."

달달박박은 얼른 통 안에 들어가 목욕을 했다. 그러니까 그도 성불을 하여 마주앉았다. 마을 사람들이 이 소문을 듣고 몰려와 부처가 된 두 친구를 우러렀다. 두 친구는 사람들에게 석가모니의 말씀을 두루 편 다음, 구름을 타고 하늘로 올라갔다.

낙산사와 관음 보살

의상 법사가 당나라에 건너가 불도를 닦고 신라로 돌아왔다. 한데, 돌아오자마자 이런 말을 들었다.

"관음 보살님이 바닷가의 굴 안에 머물러 있다 합니다."

의상 법사는 목욕을 하고 부처에게 기도를 드렸다. 그러다가 7일째 되는 날, 새벽에 포단*을 물에 띄우고 올라탔다.

이 때 용들이 나타나 의상 법사를 관음 보살이 있는 굴 앞으로 인도했다. 의상 법사는 합장을 했다.

이윽고 허공에서 수정 염주가 내려오고 의상 법사가 그것을 받았다. 용이 여의보주* 한 개를 의상 법사에게 바쳤다.

의상 법사는 염주와 여의보주를 받들고 7일 기도를 올렸으며, 비로소 굴 안으로 들어갔다.

관음 보살이 의상 법사를 맞아 말했다.

"내가 앉은 위쪽 산꼭대기에 대나무 한 쌍이 돋아날 것이다."

거기에 절을 지으라고 관음 보살이 가르쳐 주었다.

의상 법사가 밖으로 나와 위를 쳐다보니, 과연 대나무가 솟아났다. 감격한 의상 법사는 그 자리에 절을 짓고, 관음 보살을 조각해서 잘 모셨다.

그 절 이름을 낙산사라고 했다.

의상 법사는 염주와 여의보주를 법당 안에 안치하고 떠났다.

어느 때, 원효 법사가 그 곳을 찾아와 남쪽 들판으로 눈을 돌렸다.

'흰 옷을 입은 여인이 논에서 벼를 베잖아?'

원효 법사가 그 여인에게 농을 걸었다.

＊ 포단 풀로 만든 둥근 방석.
＊ 여의보주 용의 턱에 있다는 구슬.

"그 벼 좀 주십시오."

여인도 농담으로 대꾸했다.

"흉년이 들어서 드리지 못하겠어요."

원효 법사는 걸어서 다리 아래쪽에 당도했다. 한 여인이 도랑에서 빨래를 하고 있었다.

"목이 마르니, 마실 물 좀 주십시오."

원효 법사가 말하자,

"여기 있습니다."

하고 여인은 더러운 도랑물을 퍼 주었다. 원효 법사는 그 물을 버리고 맑은 물을 떠 마셨다.

길을 걷던 원효 법사는 소나무 아래에 신발 한 짝이 놓여 있는 것을 발견했다.

'이상하다. 웬 여인의 신발인가?'

원효 법사는 드디어 낙산사에 이르렀다. 관음상 아래에 또 한 짝의 신발이 놓여져 있었다.

'아! 그래. 오다가 만난 여인이 관음 보살님이었어.'

원효 법사는 속으로 매우 놀랐다. 그 뒤, 사람들은 그 소나무를 '관음 솔'이라 불렀다.

신라의 세규사라는 절에서 관리하는 논밭이 있었다. 날리군에 있는 그것을 조신이라는 스님이 관리했다.

'태수 김흔의 딸이 너무나 아름답다!'

조신은 그 여자를 혼자 좋아했다. 그런 나머지, 그는 낙산사의 관음 보살 앞에 가서,

"김흔의 딸과 결혼하게 해 주십시오."

하고 빌었다.

그렇지만 몇 해가 지나자 김흔의 딸은 시집을 가버렸다.

이 소식을 들은 조신은 관음 보살 앞에 가서 슬피 울었다. 울다 울다 잠이 들었을 때, 조신은 꿈을 꾸었다.

꿈 속에 김흔의 딸이 나타나 이렇게 말했다.

"저도 스님을 마음 속 깊이 사모하고 있었습니다. 그러다가 부모님의 말씀을 거역할 수 없어서 시집을 갔지만, 대사님을 잊지 못해 이렇게 찾아왔습니다."

조신은 김흔의 딸과 고향으로 가서 함께 살게 되었다. 행복한 40년 이 흘렀고, 자녀도 다섯 명이나 두었다.

하지만 너무나 가난해서 죽조차도 제대로 먹지 못했다.

"고향을 떠납시다."

조신은 식구들을 데리고 여기저기를 돌아다니며 10년 동안 구걸을 하면서 살았다.

하루는 명주의 해현 고개를 지날 때 열다섯 살 된 아들이 굶어 죽고 말았다. 조신은 슬퍼하며 아들을 묻고, 네 자녀를 데리고 우곡현으로 가서 초막을 지어 살았다.

"이제는 나도, 네 어미도 늙고 병들어서 마음대로 팔다리를 움직일 수도 없구나."

조신은 한탄을 했다.

그러자 열 살 된 딸이 구걸을 해서 겨우 목숨을 이어 갔다. 한데, 딸 마저 개한테 물려 누워서 온 식구가 살길이 막막했다.

아내가 이렇게 말했다.

"당신과 살아온 지도 50년이 지났어요. 젊었을 때는 가난도 이겨내 며 정으로 살았으나, 이제는 모두가 굶어 죽을 판입니다."

차라리 헤어져 살자고 했다.

"함께 이렇게 있으면 다 굶어 죽게 생겼으니...... ."

조신도 아이들을 두 명씩 맡아 따로 살자고 합의했다. 아내와 울면서 헤어질 때 조신은 퍼뜩 꿈을 깨었다.

한데, 그런 꿈을 꾼 조신이 이튿날 아침에 일어나 보니 머리가 하얗게 희어 있었다.

'아, 세상사는 덧없는 것이로구나!'

조신은 마음 속에 든 욕심이 눈 녹듯이 사라졌다. 고개를 들어 성스러운 보살을 쳐다보았다. 보살이 빙그레 웃어 주었다.

깊이 뉘우친 조신은 꿈 속에서 아들을 묻었던 해현 고개로 갔다. 그곳을 파보니, 돌미륵이 나왔다.

조신은 그 돌미륵을 부근에 있는 절에 모셨다.

그 뒤, 조신은 세규사의 논밭 관리직을 그만두고 재산을 다 털어서 정토사라는 절을 짓고 열심히 불도를 닦았다.

원광 법사

원광은 속성이 박 씨인데, 명문의 집안에서 태어나 일찍이 학문에 통달했다. 특히, 그는 마음이 넓고 문장을 좋아했으며, 많은 책을 읽어서 박식했다.

'아, 아무리 생각해도 발달된 중국의 학문을 배워야겠다.'

원광은 중국으로 떠나야겠다고 결심했다.

그리하여 원광은 35세 때 배를 타고 중국으로 건너가서 장엄사 민공의 제자에게 불도를 배웠다.

'불도를 알고 보니, 세상의 학문은 보잘것 없군.'

원광은 진나라 왕에게 불교를 배우겠다고 하여 허락을 받았으며, 곧 삭발을 하고 스님이 되었다. 그는 각지를 순례하면서 불교의 이치를 배워 깨달았다. 온갖 불경책을 섭렵했다.

'이제야 불타의 이치를 조금 알 것 같다.'

파고들수록 불교는 오묘했던 것이다.

어느 날, 원광이 머무는 호구산 밑에 불도를 닦는 선비가 찾아왔다.

"제발 저에게 불도의 가르침을 베풀어주십시오."

"저도 아직은 배우는 입장입니다."

원광이 사양했으나, 선비가 자꾸만 졸라서 불법을 강의해 주었다. 선비는 탄복했다.

'신라에서 온 이분의 설법은 막힘이 없고, 질문에 망설임이 없구나!'

그 뒤부터 원광을 찾아오는 중국 사람들이 줄을 이었다.

이 무렵, 수나라 군사들이 진나라를 짓밟는 바람에 원광도 잡혀 죽을 운명에 놓였다.

"절에 불이 났다!"

수나라 대장이 절의 탑이 불타오르는 것을 보고 부하들과 불을 끄려

고 달려왔다. 한데, 불길은 보이지 않고, 탑 앞에 원광이 묶여져 있었다. 신기하게 생각한 수나라 대장은 부하들에게,

"저 중을 풀어 주어라!"

하고 명령했다. 하마터면 죽을 목숨을 건진 것이다.

수나라가 중국을 통일한 뒤, 문제가 다스리는 서기 589년에 원광의 이름은 온 중국 땅에 드날렸다. 수나라 서울에서 원광을 모르는 사람이 없었다.

"청하옵건대, 원광을 돌려보내 주십시오."

신라에서 수 문제에게 여러 번 청했다. 그러자 수 문제는 귀국을 허락해 주었다.

"원광 법사가 돌아오셨다!"

신라에서는 귀국한 원광을 대대적으로 환영했다. 특히, 진평왕은 원광 법사를 만나자 마치 성인을 대하듯 공경했다.

원광 법사는 본래 성품이 어질어서 모든 사람들이 우러렀다.

"아마 원광 법사는 단 한 번도 성내는 일이 없을 거야."

사람들은 항상 미소를 잃지 않는 원광을 보며 이런 말을 했다. 또, 왕은 신하들에게 이런 말을 했다.

"뭐든지 원광 법사에게 물으면 안 될 일이 없다."

그리하여 나라를 다스리는 일까지 원광에게 물어서 행했다.

원광은 나이가 많아졌을 때 수레를 타고 대궐에 드나들었는데, 왕이 일일이 돌봐 주었다. 서기 641년, 원광은 99세의 나이로 그가 머물던 황룡사에 단정히 앉은 채로 세상을 떠났다.

원광이 죽을 때 황룡사 동북쪽의 하늘에서 음악 소리가 들리고, 절 안에 향취가 가득했다고 한다. 나라에서는 장사지낼 때 왕자의 예를 베풀었다.

이상은 당나라의 〈속고승전〉의 기록이다.

다른 책 〈수이전〉에 실린 원광 법사에 대한 이야기는 다음과 같다.

원광 법사의 속성은 '설' 씨이며, 스님이 되어 공부하다가 30세 때 삼기산에 들어갔다. 4년쯤 지났을 때, 원광이 수도하는 곳에서 멀지 않은 곳에 어느 비구가 작은 절을 짓고 기거했다.

어느 날, 원광이 경문을 읽을 때 신령의 음성이 들렸다.

"이 세상에는 수도하는 사람은 많지만, 법대로 행하는 사람은 원광밖에 없구나. 이웃의 중은 주술에만 열중해서 얻는 게 없다. 남의 방해만 될 뿐이니, 그에게 떠나라고 해라. 그러지 않으면 내가 그를 가만놔 두지 않겠다."

깜짝 놀란 원광은 주술에만 탐닉하는 그 비구를 찾아가 말했다.

"우연히 신령의 음성을 들었는데, 당신에게 이 곳을 떠나라고 하오."

그랬더니 비구는 이렇게 대답했다.

"신령이 아니라, 법사께서는 여우나 귀신의 소리를 들은 듯하오."

원광은 더 이상 말하지 않고 돌아왔다. 그 날 밤, 또 신령의 음성이 들려왔다.

"내 말을 전했을 때 뭐라고 하던가?"

원광은 신령이 비구를 해칠까 두려워서 '아직 말을 하지 못했다'고 거짓말을 했다.

"다 알고 있다. 그러니, 내가 하는 것을 두고 보아라."

신령이 사라지고, 천둥 번개가 무섭게 쳤다. 원광은 이튿날 비구가 기거하는 곳으로 가 보았다.

'산이 무너져 내렸잖아!'

비구가 기거하는 곳이 묻혀 버렸다.

밤이 되자, 또다시 신령의 음성이 들려왔다.

"중국에 가서 불법을 배워 이 나라에 전하라!"

그러면서 중국으로 가는 길과 할 일을 자세히 가르쳐 주었다. 원광은 짐을 싸서 중국으로 떠났다.

중국으로 건너가 불도를 닦은 원광은 서기 600년, 즉 진평왕 22년에 신라로 돌아왔다. 그러자 신라의 임금과 신하들이 그를 스승으로 삼았다.

모량부에 사는 귀산과 취항은 친구 사이였다. 그들은 원광 법사가 중국에서 돌아왔다는 말을 듣고 찾아갔다.

"저희가 평생 동안 행할 바를 가르쳐 주십시오."

그러자 원광 법사가 말했다.

"임금을 섬기되 충성으로써 하라. 어버이를 섬기되 효도로써 하라. 벗을 사귀되 믿음으로써 하라. 싸움에 임하여 물러나지 마라. 산 것을 죽이되 가려서 하라."

"이것이 무엇입니까?"

"세상에서 행해야 할 다섯 가지의 계이다."

이 '5계'는 〈삼국사 열전〉에 기록되어 있다. 〈수이전〉에는 원광 법사가 84세에 세상을 떠났다고 기록되어 있다.

부록

작가와 작품 스터디

● 일연 (1206~1289)

고려 시대의 승려이자 학자인 일연은 경상 북도 장산(지금의 경산)에서 김언정의 아들로 태어났다. 9세 되던 1214년(고종 1)에 전라도에 있는 무량사라는 절에 들어가 대웅 밑에서 불도를 닦다가 1219년 설악산 진전사에서 승려가 되었다.

1227년 승려들이 보는 과거인 승과에 급제하였으며, 1237년 삼중 대사, 1246년 선사, 1259년 대선사가 되었다. 이어 56세 되던 1261년 원종의 부름으로 강화도로 옮겨가, 선월사에서 설법하였다.

72세 되던 1277년(충렬왕 3)에 왕의 명령에 따라 청도 운문사의 주지가 되어 왕에게 법을 강론하였는데, 그의 저서 〈삼국유사〉를 집필하기 시작한 것이 이 무렵으로 보인다.

1281년 충렬왕이 동정군을 격려하기 위하여 경주에 왔을 때 부름을 받았으며, 이 인연으로 다음 해에 개경에 있는 광명사에 머무르게 되었다. 1283년 3월 국존으로 추대되어, 원경충조라는 호를 받았으나 노모의 봉양을 위해 고향으로 돌아왔다. 이후 84세 되는 1289년 7월, 새벽 선상에 앉아 제자들과 선문답을 나눈 뒤 거처하던 방으로 들어가서 84세의 나이로 입적하였다.

일연은 몽고의 횡포가 극심하던 당시, 백성들에게 불법을 설파하여 어지러운 민심을 수습하고 세상을 안정시키기 위해 노력하였다. 한편, 대구 팔공산 부인사의 대장경이 불타자, 현종의 명을 받아 새로 발간하기도 하였다.

그는 일생을 통하여 모두 100여 권에 이르는 책을 지었는데, 남아 있는 책들은 거의 없다. 그의 저서 중에서도 〈삼국유사〉가 특히 유명하며, 이 책은 우리 나라 고대사 연구에 귀중한 자료가 되고 있다.

● **삼국유사** 고려 후기의 승려 일연이 지은 〈삼국유사〉는 김부식이 지은 〈삼국사기〉와 더불어 우리 나라 고대사 연구에 귀중한 자료가 되고 있다. 정확한 편찬 연대는 알려져 있지 않으나, 대략 1281년부터 1288년(충렬왕 8~15) 사이에 쓰여진 것으로 보고 있으며, '삼국유사'라는 이름은 〈삼국사기〉에 실린 고구려, 백제, 신라의 이야기에서 빠진 것을 보충한다는 의미를 담고 있다.

그런데 〈삼국사기〉가 왕의 명령을 받아 쓰여진 정통 역사서인 것과는 달리, 〈삼국유사〉는 일연 혼자의 손으로 쓴 야사라고 할 수 있다. 따라서 체재나 문체가 〈삼국사기〉에 미치지 못하며, 실려 있는 이야기도 역사적인 사실과는 차이점이 있다. 이것은 그가 사학자가 아닌 승려의 신분이었고, 그의 활동 범위가 주로 영남 지방에 한정되어 있었기 때문에, 많은 내용이 불교 중심 또는 신라 중심에서 벗어날 수 없었기 때문이다.

그럼에도 〈삼국유사〉는 〈삼국사기〉에는 실려 있지 않은 많은 고대 사료들을 수록하고 있어, 그 가치를 헤아릴 수 없을 정도로 소중한 문헌으로 꼽힌다. 이 책은 남아 있는 문헌 가운데 단군 신화를 처음으로 수록한 책으로, 우리 나라 역사의 출발점을 반만 년 전인 고조선으로 끌어올렸으며, 그 시조를 하늘과 연결시켜 민족사의 독자성을 강조했다. 그 밖에도 많은 전설과 신화가 수록되어 있는 것은 물론이고, 불교 관련 일화와 14수의 향가, 불상과 탑에 관한 기록 등 다양한 자료가 실려 있다.

이 책은 모두 5권 9편 144항목으로 구성되어 있으며, 역사적 사실을 다룬 1·2권을 상권, 불교 사실을 다룬 3·4·5권을 하권으로 나눈다. 이 가운데 1권은 왕들의 계통을 도표로 보인 '왕력', 건국의 시조 및 왕들의 사적을 다룬 '기이'로 구성된다. 2권도 '기이'편이며, 3권은 불교의 수용과 발전을 다룬 '흥법' 및 사찰 건축에 얽힌 이야기를 다룬 '탑상'으로 짜여져 있다. 4권은 고승들의 전기인 '의해'이다. 5권은 밀교적 신이승에 관한 사적을 다룬 '신주', 신앙의 영이감응을 다룬 '감통', 고승들의 이야기를 다룬 '피은', 효행과 선행에 관한 미담이 실린 '효은'으로 되어 있다.

논술 가이드

'주몽과 고구려의 건국'의 한 대목입니다. 제시문을 읽고 다음 문제에 답하시오.

[문항 1]

> 그런 일이 있은 뒤로 유화는 아기를 가지게 되었고, 달이 찰수록 배가 불러 오기 시작했다.
>
> 어느덧 유화는 해산날이 다가왔다. 시녀들이 곁에 있어 주어서 유화는 고통을 참아가며 몸을 풀었다. 아기를 받으려고 하던 시녀들은 모두 기절할 듯이 놀라서 비명에 가까운 소리를 질렀다.
>
> "에그, 이게 뭐야?"
>
> "망칙도 해라!"
>
> 유화가 난 것은 아기가 아니라 커다란 알이었던 것이다. 여자가 알을 낳았으니, 보고를 받은 금와왕도 처음에는 믿으려 하지 않았다.

(1) 이후 알에서 태어난 주몽이 어떻게 해서 고구려를 건국하게 되는지, 그 과정을 간추려서 써 봅시다.

----

(2) 국가를 건설한 시조 가운데에는 유독 알에서 태어났다는 전설이 많습니다. 주몽 외에 알에서 태어난 왕에는 또 누가 있었는지 떠올려 보고, 이 같은 허구적인 이야기를 통해 얻을 수 있는 효과는 무엇인지 생각해 봅시다.

순정공의 부인 수로가 용에게 납치되는 대목입니다. 제시문을 읽고 다음 문제에 답하시오.

[문항 2]

> 일행은 이틀 뒤에 임해정이라는 곳에서 쉬어 점심을 먹었다. 그 때 갑자기 용이 나타나더니, 수로 부인을 납치하여 바닷속으로 들어가 버렸다.
>
> "이 일을 어찌하면 좋단 말인가!"
>
> 순정공은 놀라서 어찌할 바를 몰랐다. 난감한 순정공 앞에 한 노인이 나타나 말했다.
>
> "여러 사람의 입은 쇠도 녹인다는 옛말이 있습니다. 그러니, 바닷속의 용인들 사람의 입을 겁낼 게 아닙니까?"
>
> 그러니, 이 곳의 백성들을 불러모아 노래를 지어 부르면서 막대기로 언덕을 두드리면 수로 부인을 찾을 수 있다고 했다.

(1) 위 상황에서 지어 부른 노래는 오늘날 매우 귀중한 자료로 꼽히는 향가 가운데 하나입니다. 어떤 향가였는지 본문에서 찾고, 외워서 적어 봅시다.

----

(2) 이 책에는 위의 예 외에도 어떠한 목적을 이루기 위하여 여러 사람을 시켜 노래를 부르게 하는 설화들이 또 있습니다. 어떠한 설화 속에서 무슨 목적으로, 어떤 내용의 노래를 불렀는지 떠올려 봅시다.

'태종 무열왕 김춘추'의 한 대목입니다. 제시문을 읽고 다음 문제에 답하시오.
[문항 3]

정월 보름날, 김유신은 김춘추를 불러서 공차기를 했다. 그러다가 짐짓 김춘추의 외투를 잡아당겨서 옷고름이 떨어지게 했다.

"허, 이거 내가 실수를 했구료. 안으로 들어갑시다."

김유신은 제 방으로 김춘추를 들여보내 놓고 안방으로 갔다. 거기에 두 누이동생이 있었다.

---

(1) 이 일화 속에 등장할 당시의 김춘추의 신분은 어떠하였으며, 후에 어떻게 되는지 간단하게 적어 봅시다.

---

(2) 김유신이 김춘추와 공차기를 하다가 일부러 그의 옷고름을 떨어지게 한 이유는 무엇 때문이었는지 말해 봅시다.

---

(3) 김유신은 자신의 뜻을 이루기 위해 또다시 꾀를 내어 마침내는 계획한 바를 성사시키고야 맙니다. 김유신의 두 번째 계획은 무엇는지 떠올려 봅시다.

'지혜로운 선덕 여왕'의 한 대목입니다. 제시문을 읽고 다음 문제에 답하시오.
[문항 4]

> "아니, 이건 홍색과 자색과 백색의 모란꽃 그림이 아니냐?"
> "그 씨앗 석 되도 보내왔습니다."
> 여왕은 그림을 한참 들여다보더니,
> "탐스러운 꽃이기는 하나, 이 그림은 별로 가치가 없도다."
> 하고 말했다.
> "왜 가치가 없단 말씀입니까?"
> 신하가 물었다.
> "이 꽃은 향기가 나지 않소."
> 여왕의 말을 들은 신하는 의아스러웠다. 그림만 보고도 어찌 모란꽃이 향기가 없는지를 판별하나 싶었던 것이다.

(1) 위 이야기에서 선덕 여왕은 모란에서 향기가 나지 않는다는 것을 어떻게 알았나요? 또, 위 이야기 외에 선덕 여왕의 지혜를 말해 주는 이야기에는 무엇이 있었는지 이야기해 봅시다.

----

(2) 〈삼국유사〉에는 고구려, 백제, 신라의 이야기가 실려 있습니다. 그런데 위 이야기를 비롯하여 이 책에서 주를 이루는 것은 대부분 신라의 이야기입니다. 어째서 그러한지 생각해 봅시다.

〈베스트 논술 한국대표문학〉(전60권) 목록

권별	작품	작가
1	무정 I	이광수
2	무정 II	이광수
3	무명 · 꿈 · 옥수수 · 할멈	이광수
4	감자 · 시골 황 서방 · 광화사 · 붉은 산 · 김연실전 외	김동인
5	발가락이 닮았다 · 왕부의 낙조 · 전제자 · 명문 외	김동인
6	배따라기 · 약한 자의 슬픔 · 광염 소나타 외	김동인
7	B사감과 러브레터 · 서투른 도적 · 술 권하는 사회 · 빈처 외	현진건
8	운수 좋은 날 · 까막잡기 · 연애의 청산 · 정조와 약가 외	현진건
9	벙어리 삼룡이 · 뽕 · 젊은이의 시절 · 행랑 자식 외	나도향
10	물레방아 · 꿈 · 계집 하인 · 별을 안거든 우지나 말 걸 외	나도향
11	상록수 I	심훈
12	상록수 II	심훈
13	탈춤 · 황공의 최후 / 적빈 · 꺼래이 · 혼명에서 외	심훈 / 백신애
14	태평 천하	채만식
15	레디메이드 인생 · 순공 있는 일요일 · 쑥국새 외	채만식
16	명일 · 미스터 방 · 민족의 죄인 · 병이 낫거든 외	채만식
17	동백꽃 · 산골 나그네 · 노다지 · 총각과 맹꽁이 외	김유정
18	금 따는 콩밭 · 봄봄 · 따라지 · 소낙비 · 만무방 외	김유정
19	백치 아다다 · 마부 · 병풍에 그린 닭이 · 신기루 외	계용묵
20	표본실의 청개구리 · 두 파산 · 이사 외 / 모범 경작생	염상섭 / 박영준
21	탈출기 · 홍염 · 고국 · 그믐밤 · 폭군 · 박돌의 죽음 외	최서해
22	메밀꽃 필 무렵 · 낙엽기 · 돈 · 석류 · 들 · 수탉 외	이효석
23	분녀 · 개살구 · 산 · 오리온과 능금 · 가을과 산양 외	이효석
24	무녀도 · 역마 · 까치 소리 · 화랑의 후예 · 등신불 외	김동리
25	하수도 공사 / 지맥 / 그 날의 햇빛은 · 갈가마귀 그 소리	박화성 / 최정희 / 손소희
26	지하촌 · 소금 · 원고료 이백 원 외 / 경희	강경애 / 나혜석
27	제3인간형 / 제일과 제일장 외 / 사랑 손님과 어머니 외	안수길 / 이무영 / 주요섭
28	날개 · 오감도 · 지주 회시 · 환시기 · 실화 · 권태 외	이상
29	봉별기 · 종생기 · 조춘점묘 · 지도의 암실 · 추등잡필	이상
30	화수분 외 / 김 강사와 T교수 · 창랑 정기 / 성황당	전영택 / 유진오 / 정비석

권별	작품	작가
31	민촌 / 해방 전후·달밤 외 / 과도기·강아지	이기영 / 이태준 / 한설야
32	소설가 구보씨의 일일 / 장삼이사·비오는 길 / 석공 조합 대표 / 낙동강·농촌 사람들·저기압	박태원 / 최명익 송영 / 조명희
33	모래톱 이야기·사하촌 외 / 갯마을 / 혈맥 / 전황당인보기	김정한 / 오영수 / 김영수 / 정한숙
34	바비도 외 / 요한 시집 / 젊은 느티나무 외 / 실비명 외	김성한 / 장용학 / 강신재 / 김이석
35	잉여 인간 / 불꽃 / 꺼삐딴 리·사수 / 연기된 재판	손창섭 / 선우휘 / 전광용 / 유주현
36	탈향 외 / 수난 이대 외 / 유예 / 오발탄 외 / 4월의 끝	이호철 / 하근찬/ 오상원/ 이범선/ 한수산
37	총독의 소리 / 유형의 땅 / 세례 요한의 돌	최인훈 / 조정래 / 정을병
38	어둠의 혼 / 개미귀신 / 무진 기행·서울 1964년 겨울 외	김원일 / 이외수 / 김승옥
39	뫼비우스의 띠 / 악령 / 식구 관촌 수필 / 기억 속의 들꽃 / 젊은 날의 초상	조세희 / 김주영 / 박범신 이문구 / 윤흥길 / 이문열
40	김소월 시집	김소월
41	윤동주 시집	윤동주
42	한용운 시집	한용운
43	한국 고전 시가와 수필	유리왕 외
44	한국 대표 수필선	김진섭 외
45	한국 대표 시조선	이규보 외
46	한국 대표 시선	최남선 외
47	혈의 누·모란봉	이인직
48	귀의 성	이인직
49	금수 회의록·공진회 / 추월색	안국선 / 최찬식
50	자유종·구마검 / 애국부인전 / 꿈하늘	이해조 / 장지연 / 신채호
51	삼국유사	일연
52	금오신화 / 홍길동전 / 임진록	김시습 / 허균 / 작자 미상
53	인현왕후전 / 계축일기	작자 미상
54	난중일기	이순신
55	흥부전 / 장화홍련전 / 토끼전 / 배비장전	작자 미상
56	춘향전 / 심청전 / 박씨전	작자 미상
57	구운몽·사씨 남정기	김만중
58	한중록	혜경궁 홍씨
59	열하일기	박지원
60	목민심서	정약용

〈베스트 논술 한국대표문학〉에 실린 소설과 교과서 대조표

* 〈베스트 논술 한국대표문학〉에 실린 소설과 현행 국어 · 문학 18종 교과서의 수록 내용을 비교 · 분석하였다.

● 초등 학교 교과서(국어)

금오신화, 구운몽, 심청전,
흥부전, 토끼전, 박씨전,
장화홍련전, 홍길동전

● 국정 교과서

작품	작가	교과목
고향	현진건	고등 학교 문법
동백꽃	김유정	중학교 국어 2-1, 중학교 국어 3-1
벙어리 삼룡이	나도향	중학교 국어 1-1
봄봄	김유정	고등 학교 국어(상)
사랑 손님과 어머니	주요섭	중학교 국어 2-1
오발탄	이범선	중학교 국어 3-1
운수 좋은 날	현진건	중학교 국어 3-1

● 고등 학교 문학 교과서

작품	작품	출판사
감자	김동인	교학, 지학, 디딤돌, 상문
갯마을	오영수	문원, 형설
고향	현진건	두산, 지학, 청문, 중앙, 교학, 문원, 민중, 블랙, 디딤돌
관촌 수필	이문구	지학, 문원, 블랙
광염 소나타	김동인	천재, 태성

금 따는 콩밭	김유정	중앙
금수회의록	안국선	지학, 문원, 블랙, 교학, 대한, 태성, 청문, 디딤돌
김 강사와 T교수	유진오	중앙
까마귀	이태준	민중
꺼삐딴 리	전광용	지학, 중앙, 두산, 블랙, 디딤돌, 천재, 케이스
날개	이상	문원, 교학, 중앙, 민중, 천재, 형설, 청문, 태성, 케이스
논 이야기	채만식	두산, 상문, 중앙, 교학
닳아지는 살들	이호철	천재, 청문
동백꽃	김유정	금성, 두산, 블랙, 교학, 상문, 중앙, 지학, 태성, 형설, 디딤돌, 케이스
두 파산	염상섭	문원, 상문, 천재, 교학
등신불	김동리	중앙, 두산
만무방	김유정	민중, 천재, 두산
메밀꽃 필 무렵	이효석	금성, 상문, 중앙, 교학, 문원, 민중, 블랙, 디딤돌, 지학, 청문, 천재, 케이스
모래톱 이야기	김정한	디딤돌, 교학, 문원
모범경작생	박영준	중앙
뫼비우스의 띠	조세희	두산, 블랙
무녀도	김동리	천재, 지학, 청문, 금성, 문원, 민중, 케이스

작품	작가	출판사
무정	이광수	디딤돌, 금성, 두산, 교학, 한교
무진기행	김승옥	두산, 천재, 태성, 교학, 문원, 민중, 케이스
바비도	김성한	민중, 상문
배따라기	김동인	상문, 형설, 중앙
벙어리 삼룡이	나도향	민중
복덕방	이태준	블랙, 교학
봄봄	김유정	디딤돌, 문원
붉은 산	김동인	중앙
B사감과 러브레터	현진건	교학
사랑 손님과 어머니	주요섭	중앙, 디딤돌, 민중, 상문
사수	전광용	두산
사하촌	김정한	중앙, 문원, 민중
산	이효석	문원, 형설
서울, 1964년 겨울	김승옥	문원, 블랙, 천재, 교학, 지학, 중앙
성황당	정비석	형설
소설가 구보씨의 일일	박태원	중앙, 천재, 교학, 대한, 형설, 문원, 민중
수난 이대	하근찬	교학, 지학, 중앙, 문원, 민중, 디딤돌, 케이스
애국부인전	장지연	지학, 한교
어둠의 혼	김원일	천재
역마	김동리	교학, 두산, 천재, 태성, 형설, 상문, 디딤돌

역사	김승옥	중앙
오발탄	이범선	교학, 중앙, 금성, 두산
요한 시집	장용학	교학
운수 좋은 날	현진건	금성, 문원, 천재, 지학, 민중, 두산, 디딤돌, 케이스
유예	오상원	블랙, 천재, 중앙, 교학, 디딤돌, 민중
자유종	이해조	지학, 한교
장삼이사	최명익	천재
전황당인보기	정한숙	중앙
젊은 날의 초상	이문열	지학
젊은 느티나무	강신재	블랙, 중앙, 문원, 상문
제일과 제일장	이무영	중앙
치숙	채만식	문원, 청문, 중앙, 민중, 상문, 케이스
탈출기	최서해	형설, 두산, 민중
탈향	이호철	케이스
태평 천하	채만식	지학, 금성, 블랙, 교학, 형설, 태성, 디딤돌
표본실의 청개구리	염상섭	금성
학마을 사람들	이범선	민중
할머니의 죽음	현진건	중앙
해방 전후	이태준	천재
혈의 누	이인직	천재, 금성, 민중, 교학, 태성, 청문
홍염	최서해	상문, 지학, 금성, 두산, 케이스
화수분	전영택	태성, 중앙, 디딤돌, 블랙

〈베스트 논술 한국대표문학〉에 실린 시와 교과서 대조표

* 〈베스트 논술 한국대표문학〉에 실린 시와 현행 국어·문학 18종 교과서의 수록 내용을 비교·분석하였다.

작품	작가	출판사
가는 길	김소월	지학, 블랙, 민중
가을의 기도	김현승	블랙
겨울 바다	김남조	지학
고향	백석	형설
국경의 밤	김동환	지학, 천재, 금성, 블랙, 태성
국화 옆에서	서정주	민중
귀천	천상병	지학, 디딤돌
귀촉도	서정주	지학
그 날이 오면	심훈	지학, 블랙, 교학, 중앙
그대들 돌아오시니	정지용	두산
그 먼 나라를 알으십니까	신석정	교학, 대한
껍데기는 가라	신동엽	지학, 천재, 금성, 블랙, 교학, 한교, 상문, 형설, 청문
꽃	김춘수	금성, 문원, 교학, 중앙, 형설
끝없는 강물이 흐르네	김영랑	디딤, 교학
나그네	박목월	천재, 블랙, 중앙, 한교
나룻배와 행인	한용운	문원, 블랙, 대한, 형설
남신의주 유동 박시봉방	백석	지학, 두산, 상문

작품	작가	출판사
남으로 창을 내겠소	김상용	지학, 한교, 상문
내 마음은	김동명	중앙, 상문
내 마음을 아실 이	김영랑	한교
농무	신경림	지학, 디딤, 금성, 블랙, 교학, 형설, 청문
누가 하늘을 보았다 하는가	신동엽	두산
눈길	고은	문원
님의 침묵	한용운	지학, 천재, 두산, 교학, 민중, 한교, 태성, 디딤돌
떠나가는 배	박용철	지학, 한교
머슴 대길이	고은	디딤돌, 천재
먼 후일	김소월	청문
모란이 피기까지는	김영랑	지학, 천재, 금성, 형설
목계 장터	신경림	문원, 한교, 청문
목마와 숙녀	박인환	민중
바다와 나비	김기림	금성, 블랙, 한교, 대한, 형설
바위	유치환	금성, 문원, 중앙, 한교
별 헤는 밤	윤동주	문원, 민중
봄은 간다	김억	한교, 교학
봄은 고양이로다	이장희	블랙

작품	작가	출판사
불놀이	주요한	금성, 형설
빼앗긴 들에도 봄은 오는가	이상화	지학, 천재, 문원, 블랙, 디딤돌, 중앙
산 너머 남촌에는	김동환	천재, 블랙, 민중
산유화	김소월	두산, 민중
살아 있는 것이 있다면	박인환	대한, 교학
살아 있는 날은	이해인	교학
생명의 서	유치환	한교, 대한
샤갈의 마을에 내리는 눈	김춘수	지학, 블랙, 태성
서시	윤동주	디딤돌, 민중
설일	김남조	교학
성묘	고은	교학
성북동 비둘기	김광섭	지학
쉽게 씌어진 시	윤동주	지학, 디딤돌, 중앙
승무	조지훈	지학, 디딤돌, 금성
알 수 없어요	한용운	중앙, 대한
어서 너는 오너라	박두진	디딤돌, 금성, 한교, 교학
오감도	이상	디딤돌, 대한
와사등	김광균	민중
우리가 물이 되어	강은교	지학, 문원, 교학, 형설, 청문, 디딤돌
우리 오빠의 화로	임화	디딤돌, 대한
울음이 타는 가을 강	박재삼	지학, 교학
자수	허영자	교학

작품	작가	출판사
자화상	노천명	민중
절정	이육사	지학, 천재, 금성, 두산, 문원, 블랙, 교학, 태성, 청문, 디딤돌
접동새	김소월	교학, 한교
조그만 사랑 노래	황동규	문원, 중앙
즐거운 편지	황동규	지학, 형설, 청문
진달래꽃	김소월	천재, 태성
청노루	박목월	지학, 문원, 상문
초토의 시 8	구상	지학, 천재, 두산, 상문, 태성
초혼	김소월	디딤돌, 금성, 문원
타는 목마름으로	김지하	디딤돌, 금성, 문원, 민중
풀	김수영	지학, 금성, 민중, 한교, 태성
프란츠 카프카	오규원	천재, 태성
피아노	전봉건	태성
해	박두진	두산, 블랙, 민중, 형설
해에게서 소년에게	최남선	지학, 천재, 금성, 두산, 문원, 민중, 한교, 대한, 형설, 태성, 청문, 디딤돌
향수	정지용	지학, 문원, 블랙, 교학, 한교, 상문, 청문, 디딤돌

〈베스트 논술 한국대표문학〉에 실린 시조와 교과서 대조표

* 〈베스트 논술 한국대표문학〉에 실린 시조와 현행 국어 · 문학 18종 교과서의 수록 내용을 비교 · 분석하였다.

작품	작가	출판사
가노라 삼각산아	김상헌	교학, 형설
가마귀 눈비 맞아	백팽년	교학
가마귀 싸우는 골에	정몽주 어머니	교학
강호 사시가	맹사성	디딤돌, 두산, 교학
고산구곡	이이	한교
공명을 즐겨 마라	김삼현	지학
구름이 무심탄 말이	이존오	천재
국화야 너난 어이	이정보	블랙
녹초 청강상에	서익	지학
농암가	이현보	민중
뉘라서 가마귀를	박효관	교학
님 그린 상사몽이	박효관	천재
대추볼 붉은 골에	황희	중앙
도산 십이곡	이황	디딤돌, 블랙, 민중, 형설, 태성
동짓달 기나긴 밤을	황진이	지학, 천재, 금성, 두산, 문원, 교학, 상문, 대한
마음이 어린후니	서경덕	지학, 금성, 블랙, 한교
말없는 청산이요	성혼	지학, 천재
방안에 혔는 촉불	이개	천재, 금성, 교학
백구야 말 물어보자	김천택	지학
백설이 자자진 골에	이색	지학
삭풍은 나무끝에	김종서	중앙, 형설
산촌에 눈이 오니	신흠	지학

작품	작가	출판사
삼동에 베옷 닙고	조식	지학, 형설
산인교 나린 물이	정도전	천재
수양산 바라보며	성삼문	천재, 교학
십년을 경영하여	송순	지학, 금성, 블랙, 중앙, 한교, 상문, 대한, 형설
어리고 성긴 매화	안민영	형설
어부사시사	윤선도	금성, 문원, 민중, 상문, 대한, 형설, 청문
오리의 짧은 다리	김구	청문
오백년 도읍지를	길재	블랙, 청문
오우가	윤선도	형설
이몸이 죽어가서	성삼문	지학, 두산, 민중, 대한, 형설
이시렴 부디 갈다	성종	지학
이화에 월백하고	이조년	디딤돌, 천재, 두산
이화우 흣뿌릴 제	계랑	한교
재너머 성권농 집에	정철	천재, 형설
천만리 머나먼 길에	왕방연	문원, 블랙
청산리 벽계수야	황진이	지학
추강에 밤이 드니	월산대군	천재, 금성, 민중
춘산에 눈녹인 바람	우탁	디딤돌
풍상이 섞어 친 날에	송순	지학, 청문
한손에 막대 잡고	우탁	금성
훈민가	정철	지학, 금성
흥망이 유수하니	원천석	천재, 중앙, 한교, 디딤돌, 대한

〈베스트 논술 한국대표문학〉에 실린 수필과 교과서 대조표

* 〈베스트 논술 한국대표문학〉에 실린 수필과 현행 국어 · 문학 18종 교과서의 수록 내용을 비교 · 분석하였다.

작품	작가	출판사
가난한 날의 행복	김소운	천재
가람 일기	이병기	지학
구두	계용묵	디딤돌, 문원, 상문, 대한
그믐달	나도향	블랙, 태성
꼴찌에게 보내는 갈채	박완서	태성
나무	이양하	상문
나무의 위의	이양하	문원, 태성
낭객의 신년 만필	신채호	두산, 블랙, 한교
딸깍발이	이희승	지학, 디딤돌, 청문
멋없는 세상 멋있는 사람	김태길	중앙
무궁화	이양하	디딤돌
백설부	김진섭	지학, 천재, 형설, 태성, 청문
생활인의 철학	김진섭	지학, 태성
수필	피천득	지학, 천재, 한교, 태성, 청문
수학이 모르는 지혜	김형석	청문
슬픔에 관하여	유달영	문원, 중앙
웃음설	양주동	교학, 태성
은전 한 닢	피천득	금성, 대한
이야기	피천득	지학, 청문
인생의 묘미	김소운	지학
지조론	조지훈	블랙, 한교
청춘 예찬	민태원	금성, 블랙
특급품	김소운	교학
폭포와 분수	이어령	지학, 블랙
피딴 문답	김소운	디딤돌, 금성, 한교
행복의 메타포	안병욱	교학
헐려 짓는 광화문	설의식	두산

베스트 논술 한국대표문학 **51**

삼국유사

지은이 일연
펴낸이 류성관
펴낸곳 SR&B(새로본닷컴)
주 소 서울특별시 마포구 망원동 463-2번지
전 화 02)333-5413
팩 스 02)333-5418
등 록 제10-2307호
인 쇄 만리 인쇄사